La Banque de France et son histoire

La Banque de France et son Histoire

Maxime Du Camp
Raphael-Georges Lévy

Editions Le Mono

Collection «*Les Pages de l'Histoire*»

Connaître le passé peut servir de guide au présent et à l'avenir.

ISBN : 978-2-36659-447-8
EAN : 9782366594478

Partie I[1]

I. Histoire Générale

Dans presque toutes les langues, le mot banque et le mot banquier dérivent du vocable qui signifie table ou comptoir : τραπεζίτης chez les Grecs, *mensarius* chez les Romains, *banchiero* chez les Italiens du moyen âge. Le banquier a été primitivement un changeur ; il venait s'installer sur la place publique avec un banc sur lequel il exposait les monnaies diverses qu'on pouvait avoir à lui demander ; peu à peu il prit les fonds en dépôt, fit des avances sur caution, sur marchandises, sur gages, sur titres de propriété, sur papiers de famille et devint bien réellement ce que nous nommons aujourd'hui un banquier. Lorsqu'il avait manqué à ses engagements, que, par suite de sa mauvaise foi ou de spéculations hasardeuses, il causait un tort manifeste à ses créanciers, on brisait son comptoir. On disait de lui alors qu'il était l'homme du banc rompu : *banco rotto*, d'où nous avons fait le mot banqueroute. Selon plusieurs écrivains, les *trapézistes* et les *mensarii* auraient ignoré toutes les

---

[1] Maxime Du Camp, *Paris, ses organes, ses fonctions et sa vie dans la seconde moitié du XIXe siècle.*

opérations des banques modernes. Cette opinion peut paraître exagérée, et Plaute lui donne un démenti, lorsque, dans *les Captifs*, il fait dire à Hégion :

> Ibo intro, atque intus subducam ratiunculam,
> Quantillum argenti mihi apud trapezitam siet.

«Je rentre, et vais voir un peu ce qu'il me reste d'argent chez mon banquier.» Et dans le *Trinumus*, lorsque Stasime dit :

> Trapezitæa mille drachumarum olympique
> Quas de ratione debuisti, redditæ ;

« De compte fait avec le banquier, tu restais débiteur de mille drachmes olympiques ; elles sont payées. »

Il n'est pas douteux que depuis l'antiquité bien des banques n'aient fonctionné en Italie, mais il est difficile et il serait hasardeux de leur assigner une date positive. Venise prétend avoir possédé une banque dès la première moitié du quatorzième siècle. Barcelone trouve dans ses archives quelques traces d'une banque installée en 1349 par la corporation des drapiers ; mais il faut, si l'on veut s'étayer sur des documents authentiques, reconnaître que la première banque régulière établie en Europe fut celle que les Génois organisèrent en 1407 sous le nom de *Casa di San Giorgio*.

Les Italiens, — Génois, Vénitiens, Lombards, — semblent avoir eu pendant tout le moyen âge, et même pendant la première période des temps modernes, le privilège exclusif du commerce de l'argent. Jacques Cœur, que son titre d'argentier a trop souvent fait prendre pour un banquier, était un marchand enrichi par le négoce, et les prêts sur nantissement qu'il fit au roi ou à d'autres personnages étaient des actes de complaisance plutôt que des spéculations.

Quoique Louis XIV, après la désastreuse année 1709, eût créé du papier-monnaie et qu'à l'époque de sa mort 492 millions de ces valeurs douteuses circulassent encore, notre première banque fut celle de Law, la fameuse banque du Mississipi qui a tant fait parler d'elle, qu'on a tant maudite, mais à laquelle cependant il ne faut pas oublier que nous avons dû la Louisiane. Concédée à Law pour vingt ans, par ordonnance des 2 et 20 mai 1716, au capital limité de six millions, divisé en 1 200 actions de 5 000 livres chacune, elle commença dès le mois de juin des opérations qui, si elles n'eussent point été dénaturées, l'auraient conduite probablement à une prospérité extraordinaire. Ces opérations étaient, à fort peu de chose près, celles-là mêmes qui ont donné à la Banque de France une assiette si solide : escompte des effets de commerce, garde des valeurs en dépôt, payements et recouvrements pour les tiers ; de plus, son action était très-sagement circonscrite par l'interdiction absolue de faire le commerce ou d'emprunter à intérêt. Les débuts furent les jours de l'âge d'or ; d'un intérêt mensuel de 2 1/2 pour 100, l'escompte des effets descendit à six, à cinq et même à quatre par an.

Jamais telles facilités n'avaient été offertes au négoce, qui se hâtait d'en profiter.

Malheureusement le succès grisa Law, il engloba la banque dans la Compagnie d'Occident et voulut mettre en pratique le fameux *système*, rêverie socialiste autoritaire par excellence, qui devait amener la banque à être l'unique dispensatrice de tout crédit, de toute richesse, de tout travail. Pour satisfaire les besoins factices qu'on venait de créer, pour répondre aux demandes d'une spéculation chauffée à blanc, on émit une quantité folle d'actions, actions-mères, actions-filles, actions-petites filles. Pareille fureur d'agiotage ne s'était jamais vue. Les grands seigneurs marchaient en tête de cette armée pleine de convoitises malsaines : le comte de Horn, un parent du Régent, assassinait en plein jour, rue Quincampoix ; à la fin de février 1720, le duc de Conti fait enlever 14 millions d'or à la Banque, et, le 2 mars, le duc de Bourbon en retire 25. Pour remédier à une catastrophe imminente, on arrive, non pas seulement à vouloir imposer le cours forcé de ce papier qui, de minute en minute, perdait de sa valeur, mais à interdire la circulation des espèces métalliques, à défendre de placer des fonds à l'étranger, et même à prohiber l'achat des diamants ou de la vaisselle plate.

Quand une institution en est là, elle est morte, et nul pouvoir ne saurait la ressusciter. Le désastre fut immense. On n'en riait pas moins, et l'esprit parisien n'abdiquait pas au milieu d'un tel cataclysme. Comme au-dessus de l'hôtel de la Compagnie on avait gravé deux L majuscules, initiales du nom de Louis XV, un plaisant écrivit sur la muraille : *Ut citius aufugiat* : « afin qu'il se sauve plus vite. » Law se sauva en effet, mais à grand'peine : c'est miracle qu'il n'ait pas été écharpé ; deux ou trois fois il avait été obligé d'aller chercher refuge jusque dans les appartements privés du duc d'Orléans. Le 13 octobre 1720, on publia un arrêt du conseil, rendu le 10, portant suppression des billets de banque à partir du 1er novembre. D'après la récapitulation qui suit le libellé, il est constant que les billets émis s'élevaient à la somme de 2 696 400 000 livres.

La chute avait été si profonde qu'on en resta étourdi plus longtemps que de raison. Le seul mot de banque épouvantait tout le monde, et l'on attendit cinquante-six ans avant de voir reparaître une institution qui rappelait de fort loin la première et féconde tentative de Law. Un arrêt du 24 mars 1778 concéda au sieur Bernard un privilège en vertu duquel il pouvait établir une *caisse d'escompte* au capital de 15 millions de livres. Elle vivota, plutôt qu'elle ne vécut, entre les exigences du gouvernement et la défiance du commerce. On peut croire que ses opérations n'étaient pas très-fructueuses, car en 1784 il fut de mode pour les femmes de porter des chapeaux sans fond, qu'on appelait des *chapeaux à la caisse d'escompte* ; néanmoins elle subsista tant bien que mal jusqu'à la Convention, qui la supprima, par décret du 4 août 1793. Sous le Directoire, des particuliers, négociants et banquiers, créèrent une *caisse de comptes courants* qui émettait des billets, faisait diverses opérations avantageuses pour le commerce et qui disparut lorsque Bonaparte, devenu premier consul, appréciant les immenses services que pouvait rendre à la population un établissement de crédit sagement mené, contenu par une loi constitutive dans des limites sévèrement fixées, fonda la Banque de France.

En 1800, le 24 pluviôse an VIII, plusieurs banquiers, à la tête desquels se présentent Perregeaux, le Couteulx-Canteleu, Mallet aîné, Récamier, le fabricant de tabacs Robillard, se concertèrent pour arrêter les statuts d'une banque au capital de 30 millions, réparti en 30 000 actions nominatives. Les opérations devaient être l'escompte, le recouvrement des effets, les dépôts et consignations, les comptes courants, et enfin l'émission de billets au porteur et à vue. Tout autre commerce que celui de l'or et de l'argent lui était interdit. Dans les statuts primitifs, on retrouve d'une façon rudimentaire, mais déjà très-nette, le système de gouvernement qui devait assurer à la Banque une stabilité que rien jusqu'à ce jour n'est parvenu à ébranler. Dès le 28 nivôse (18 janvier 1800), un arrêté consulaire ordonnait que tous les fonds reçus à la caisse d'amortissement fussent versés à la Banque de France. C'est là une consécration importante et qui peut déjà faire préjuger du succès de d'entreprise. Cette dernière attendit cependant trois années avant de recevoir une constitution organique ; ce fut la loi du 24 germinal an XI (14 avril 1803) qui la lui donna.

Par cette loi, le capital est porté à 45 millions, les coupures des billets sont fixées à 1 000 et à 500 francs. Le privilège est accordé pour quinze années ; l'universalité des actionnaires est représentée par les 200 plus forts d'entre eux ; convoqués en assemblée générale une fois par an, ils nomment au scrutin quinze régents qui administreront la Banque, et trois censeurs qui la surveilleront ; les régents et les censeurs réunis forment le conseil général. L'un des régents est nommé président pour deux ans par le conseil, et pendant toute la durée de ses fonctions il exerce en quelque sorte le pouvoir exécutif. Ainsi qu'il est facile de le voir, nous sommes en république, car dans cette constitution très-libérale on n'aperçoit pas l'ingérence de l'État. Il ne révèle pas son influence par des signes extérieurs ; s'il l'exerce, c'est d'une façon amiable, mais sans aucun droit reconnu dans les statuts délibérés au Corps législatif. Les actionnaires de la Banque, représentés par les administrateurs élus, étaient maîtres chez eux, sans contrôle direct, et pouvaient n'avoir d'autre guide que leur intérêt particulier.

En 1805, pendant la campagne d'Allemagne qui devait trouver un dénoûment si rapide à la bataille d'Austerlitz, la Banque traversa une crise difficile. Elle était alors installée dans l'hôtel Maissiac, qui occupe actuellement le n° 48 de la rue Pagevin. Chaque jour la place des Victoires était remplie par des gens inquiets qui venaient échanger leurs billets contre des espèces ; dans le commerce, le billet de 1 000 francs perdait 20 francs ; Joseph, qui, sous le titre de grand-connétable, présidait le conseil des ministres en l'absence de son frère, était fort troublé, et parlait de faire venir des troupes pour déblayer les issues de la Banque obstruées dès le milieu de la nuit. La Banque, voyant son encaisse métallique diminuer à vue d'œil, criait au secours et s'adressait au tribunal de commerce pour qu'il forçât le public à accepter ses billets en guise d'argent. En cette circonstance. Napoléon fut très-net. Le 20 octobre 1805, il écrivit d'Elchingen à Régnier : « Il faut que la Banque de France échange ses billets contre de l'argent, à bureau ouvert, ou qu'elle ferme ses bureaux si elle manque d'argent. Quant à moi, je ne veux pas de papier monnaie. »

Le souvenir de ces désordres passagers a-t-il eu quelque influence sur les résolutions de Napoléon ? Son esprit, singulièrement impérieux, n'a-t-il pu supporter qu'un établissement qui servait de régulateur au crédit public se mût en dehors de l'action immédiate de l'État ? On ne sait, mais le 22 avril 1806 la constitution de la Banque de France est modifiée d'une façon définitive. C'est le type du gouvernement monarchique constitutionnel. Par la nouvelle loi, le privilège est prorogé de vingt-cinq ans au delà du terme fixé d'abord, le capital est porté à 90 millions ; c'est toujours l'assemblée des actionnaires qui élit les censeurs et les régents, mais la présidence échappe à ceux-ci. La direction des affaires, que la Banque, en vertu de la loi de germinal, déléguait à son comité central, est désormais exercée par un gouverneur et deux sous-gouverneurs, qui sont nommés par l'empereur et prêtent serment entre ses mains. Cette loi, que rien jusqu'à présent n'a modifiée dans ses parties organiques, a été libellée par Mollien, un des esprits les plus fermes et les plus sagaces de son temps. Il est étrange que Napoléon, dont l'aversion pour le système parlementaire s'était si souvent manifestée, ait établi précisément à la Banque le modèle presque parfait de ce genre de gouvernement ; il faut qu'il ait été entraîné par des considérations bien fortes, ou que sa propre sagesse l'ait emporté sur ses répugnances instinctives.

II. Le gouvernement

Le gouverneur préside les conseils, approuve ou rejette les dispositions adoptées, nomme, révoque, destitue les agents, signe seul, comme un souverain, tous les traités intervenants, fait exécuter les lois et statuts qui régissent la Banque. Il a droit de *véto* ; il peut empêcher l'accomplissement d'une mesure délibérée par le conseil, mais il ne peut contraindre ce dernier à adopter une résolution quelconque, et il doit lui rendre compte de toutes les affaires. Ces deux puissances, l'une législative, l'autre exécutive, se côtoient sans se heurter, tant leurs attributions diverses ont été sagement réglées. En cas de conflit, force resterait toujours au conseil des censeurs et des régents, qui votent le budget et peuvent, en le refusant ou en le modifiant, mettre le gouverneur dans l'impossibilité de faire mouvoir le mécanisme de son petit État. Heureusement jamais pareille occurrence ne s'est présentée ; le conseil et le gouvernement marchent d'accord ; sur chaque question il y a entente préliminaire. Tout se traite à l'amiable par des gens qui n'ont qu'un but et savent l'atteindre, mettre l'intérêt de l'État en rapport avec celui des particuliers. La Banque de France constitue donc une œuvre publique confiée à une société privée surveillée par l'État. De cette façon, si par hasard l'esprit mercantile et intéressé des actionnaires représentés par les conseils venait à prévaloir, le gouverneur interviendrait pour garantir les droits du commerce et rappeler la Banque à l'esprit de son institution. Cette surveillance de l'État paraîtra en outre indispensable à tous ceux qui estiment que, pour demeurer stable et sérieux, le crédit public ne doit pas se jeter dans les aventures. Les statuts, rédigés par Gaudin, en date du 16 janvier 1808, et qui sont l'application développée de la loi de 1806, ont dit très-sagement à l'article 8 : « La Banque ne peut dans aucun cas ni sous aucun prétexte faire ou entreprendre d'autres opérations que celles qui lui sont permises par les lois. » Rien n'est plus juste que cette prescription restrictive. Les gens chargés de maintenir le crédit ne peuvent et ne doivent rien faire de facultatif. Quand une institution de cet ordre se laisse entraîner, par faiblesse ou par convoitise, à une spéculation douteuse, elle ressemble à l'ouvrier dont la blouse est saisie par l'engrenage d'une machine en mouvement ; quels que soient ses efforts et son énergie, rien ne le sauvera ; une expression populaire dit nettement le fait : « Il y passera tout entier. »

C'est grâce aux dispositions à la fois très-précises et très-réservées qui ont présidé à sa fondation, grâce à la sagesse expérimentée de ses fondateurs, grâce à ce gouvernement constitutionnel dont le fonctionnement régulier ne s'est pas ralenti une minute, que la Banque a pu traverser des heures singulièrement douloureuses. Elle a vu s'écrouler des trônes, elle a assisté à l'anéantissement du crédit public, à la disparition des espèces métalliques, elle a été englobée dans des crises financières qui troublaient les États et ruinaient les particuliers, rien n'a pu paralyser son action, ni même affaiblir son mécanisme. Semblable à ces vieilles fées qui, dans les circonstances exceptionnelles, savent conjurer le danger à force de sagesse et de prudence, elle a su faire face à tout avec ses seuls billets, qui sont un talisman dont la puissance dépasse celle des baguettes enchantées.

À un seul jour de notre histoire, elle crut tout perdu et désespéra. En 1814, la veille de l'entrée des alliés, la Banque fut saisie de panique, et pendant que sur la place Vendôme on jetait au feu les drapeaux enlevés jadis à l'ennemi, elle brûlait ses billets sous l'impulsion irréfléchie de Jacques Laffitte. Un si profond désarroi ne pouvait durer, il n'était point digne d'hommes qui avaient su aborder de front toute difficulté ; ils reprirent vaillamment la direction du navire qui portait Paris et sa fortune, ils payèrent à caisse ouverte, et par cette ferme mesure ne contribuèrent pas peu à rendre la confiance aux plus timorés. Trente-quatre ans plus tard, une nouvelle crise aiguë et pleine de périls devait fondre sur la Banque. On se rappelle encore l'atonie inconcevable qui suivit la révolution de Février 1848. L'industrie, le commerce, la finance étaient tombés dans un état comateux qui ressemblait de bien près à la mort. Les clairvoyants avaient beau prêcher la confiance, on vivait dans une sorte d'inquiétude somnolente dont on ne parvenait pas à sortir. Le bureau du change de l'Hôtel des Monnaies regorgeait de gens effarés qui venaient vendre leurs couverts, et la cour de la Banque était encombrée de personnes réclamant, aux termes de la loi, des espèces contre leurs billets. La Banque paya sans désemparer, malgré l'agio sur l'or, qui était monté à 70 francs ; mais la réserve métallique s'épuisait. La loi du 10 juin d 847, en autorisant la Banque à émettre des billets de 200 francs, dont la création était depuis bien longtemps réclamée par le commerce, avait multiplié les signes de la monnaie fiduciaire qui, pour ainsi dire, se trouvait entre toutes les mains. Le péril était grand et pouvait conduire tout droit à une catastrophe.

Le gouvernement de la Banque et le gouvernement provisoire discutèrent la question, et en vertu du vieil adage : « Aux grands maux les grands remèdes ! » un décret du 15 mars 1848, évitant de prononcer les mots de cours forcé, décida que les billets de la Banque de France seraient reçus comme monnaie légale par les caisses publiques et les particuliers. L'article 4 du même décret disait en outre : « Pour faciliter la circulation, la Banque de France est autorisée à émettre des coupures, qui toutefois ne pourront être inférieures à 100 francs. » Il ne manqua pas de gens qui crièrent aux assignats et prédirent la banqueroute. Ces prophètes malavisés en furent pour leurs sinistres clameurs. Non seulement la Banque ne sombra pas, mais, en 1849, ses billets faisaient prime, et elle prêtait à tout le monde avec la générosité d'une Cybèle dont rien ne peut tarir l'inépuisable fécondité : le 5 juin 1848, au Trésor, 150 millions ; le 24 du même mois, 10 millions à la ville de Paris ; le 29 décembre, à Marseille, 3 millions ; le 5 janvier 1849, 5 millions au département de la Seine.

Cette mesure extrême de décréter le cours forcé eut une conséquence qu'on n'avait guère prévue : loin de déprécier le papier, elle en fit reconnaître la valeur ; elle en popularisa l'usage, et il n'est aujourd'hui si pauvre hameau qui ne l'accepte comme argent comptant. Il n'en était pas de même autrefois, et je me souviens qu'en 1847 il me fut impossible de changer un billet de banque à Vichy, qui cependant était déjà une ville d'eau très-fréquentée. À cette heure, non-seulement toutes les coupures de la Banque ont cours en France, mais elles équivalent à l'or en Allemagne et en Italie. Jamais peut-être, depuis que des banques ont émis des titres au porteur, nul billet n'a obtenu et mérité une telle confiance. Le cours légal ne se prolongea pas longtemps ; il cessa normalement le 6 août 1850, par la promulgation d'une loi dont l'initiative appartenait à la Banque elle-même.

Le gouvernement provisoire avait aussi pris une excellente disposition par les décrets du 27 avril et du 2 mai, qui réunissaient à la Banque de France les banques précédemment créées à Rouen, à Lyon, au Havre, à Lille, Toulouse, Orléans, Marseille, Nantes et Bordeaux ; toutes ces banques partielles étaient indépendantes de la banque centrale ; elles avaient leurs statuts et leur capital, ne considéraient que l'intérêt local, émettaient des billets qui, par suite du vieil esprit provincial et girondin dont la

France a tant de peine à se guérir, ne devaient et ne pouvaient être payés qu'au comptoir même d'où ils étaient sortis. C'était en limiter la circulation au point de la rendre illusoire ; un billet de la banque de Lyon, ne pouvant être remboursé qu'à Lyon, constituait un instrument d'échange si restreint qu'il devenait inutile. La Banque, prenant à son compte les actions de ces établissements, a fusionné avec ceux-ci et les a remplacés par l'organisation bien plus rationnelle des succursales, qui sont aujourd'hui au nombre de 62. On ne tardera point, d'après l'esprit de la loi de 1857, à en avoir au chef-lieu de chaque département. Dès lors l'impulsion devient unique et part de la banque centrale pour faire mouvoir, pour activer ou modérer tous ces mécanismes éloignés. Aujourd'hui la Banque de France, dont le privilège a été prorogé jusqu'au 31 décembre 1897, possède un capital représenté par 182 500 actions nominatives, et a été autorisée à émettre des coupures de 50 francs.

La haute direction est représentée par le gouverneur et les sous-gouverneurs ; tous les employés dépendent exclusivement du gouverneur, qui nomme et révoque sans contrôle. Les régents, choisis par l'assemblée des actionnaires, sont élus pour cinq années, et renouvelés par cinquième. Trois d'entre eux doivent être receveurs généraux et sont autorisés à habiter Paris. Les censeurs, élus pour trois ans, sont renouvelables par tiers. Les fonctions des uns et des autres sont gratuites. La réunion des censeurs et des régents, sous la présidence du gouverneur, forme le grand conseil, conseil souverain qui décide sans appel toute opération de banque ne s'éloignant pas des prescriptions de la loi ; mais ce conseil se répartit en un certain nombre de comités qui préparent, sur l'initiative du gouverneur, toutes les affaires dont la Banque peut avoir à s'occuper.

Ainsi, et pour me résumer, la Banque représente un corps complet ; sa tête, son cœur, ses membres, sont les gouverneurs, les censeurs, les régents et les comités. Ainsi constituée, elle est l'artisan du crédit public ; ses instruments spéciaux de travail sont les billets qu'elle émet et qui sont aujourd'hui la plus haute expression de ce que les économistes appellent la monnaie fiduciaire.

III. Les billets

Il fallait une singulière hardiesse pour jeter des billets de banque dans la circulation aux dernières heures du dix-huitième siècle, lorsque l'on était encore sous le coup de la ruine causée par les assignats. Tout ce qui avait l'air de papier-monnaie semblait frappé à l'avance de discrédit et de mort. Jamais, en effet, pareille débauche ne s'était encore vue ; la République avait, sous ce rapport, dépassé les folies de la rue Quincampoix. Très-sérieuse dans le principe et appuyée sur des biens nationaux d'une valeur estimée honnêtement à dix milliards, l'opération avait sa raison d'être, car le papier émis n'était que la représentation mobile de la richesse immobilière possédée par la nation même ; mais on ne sut pas s'arrêter en chemin. Il était si facile de pourvoir à toutes les nécessités en faisant imprimer des morceaux de papier auxquels des lois léonines donnaient un cours forcé, qu'on ne put résister à la tentation.

L'État prêchait d'exemple, les individus le suivirent, et chacun se fit, pour son propre compte, fabricant d'assignats. Voici ce que raconte Mercier dans son *Nouveau Tableau de Paris* : « Le dogme de la souveraineté nationale fut confirmé d'une manière assez plaisante, car il fut un temps où chaque particulier se croyait en droit de battre monnaie. La disparition du numéraire avait donné cours à une foule de billets de petite valeur, émis par d'obscures maisons de commerce. Les épiciers, les limonadiers, écrivaient leur nom sur de petits morceaux de parchemin, et voilà du numéraire. Le délire fut poussé jusqu'au dernier excès ; chacun fit son écu. » Le résultat ne tarda point à se faire sentir.

La valeur réelle des assignats n'était plus en rapport avec la valeur nominative. La loi du maximum réussit à peine à les soutenir ; après le 9 thermidor, la chute dépassa toute prévision : un sucre d'orge d'un sou se payait 30 francs en assignats. Dès longtemps, les dix milliards de biens confisqués au clergé avaient été dépassés par des émissions ininterrompues. Dans certaines villes, une pièce de six liards valait 500 francs papier. Lorsque le Directoire, ne sachant plus de quel bois faire flèche, lança tout à coup vingt milliards de nouveaux assignats, il ne parvint même pas à leur faire produire cent millions en numéraire. Ce fut le dernier coup ; au delà, rien n'était plus possible, et le 30 pluviôse an IV (19 février 1796) on renonça définitivement à un si déplorable système. Pour employer une expression que le langage populaire a consacrée, on brisa la planche aux assignats.

Depuis le décret du 19 avril 1790, qui avait autorisé la première émission, les différents gouvernements qui s'étaient succédé en France avaient répandu pour quarante-cinq milliards cinq cent quatre-vingt-un millions quatre cent soixante et un mille six cent vingt-trois livres en papier-monnaie. Certes il n'y a pas à discuter sur la valeur et la moralité d'une si désastreuse opération ; mais il faut cependant reconnaître que Ramel, le ministre des finances, lorsque, le 9 pluviôse, il proposa au conseil des Cinq-Cents la mesure radicale qui allait enfin faire disparaître les assignats, put dire avec sincérité : « Les assignats ont amené la destruction des ordres et des privilèges ; ils ont fait la révolution. » Entre les mains des ennemis de l'ordre nouveau, les assignats avaient été un moyen de guerre plus puissant peut-être que l'invasion, car ils avaient découragé la confiance et achevé d'énerver le crédit. Il est impossible d'évaluer ce qu'on en introduisit de faux en France, mais ce dut être pour des sommes considérables. On en fabriquait publiquement en Angleterre. Le 18 mars 1795, Sheridan dénonçait le fait à la tribune du parlement anglais. « J'ai vu les moulins et les faux assignats, » disait Ruyer le même jour. À Quiberon, après la défaite des royalistes et des Anglais, on trouva dans les bagages de Puisaye une somme de dix milliards en faux papier-monnaie.

On restait pénétré de ces tristes souvenirs ; l'influence révolutionnaire régnait encore dans notre législation, et la peine de mort fut maintenue contre les faussaires. Ce n'était pas cela cependant qui était de nature à les faire reculer ; on en avait vu bien d'autres en ces redoutables jours, et les premiers directeurs de la Banque de France s'ingénièrent à dérouter la contrefaçon à force de précautions habiles et de perfection dans la fabrication même du billet. On peut l'affirmer sans pécher par excès d'orgueil national, c'est la France qui a créé le plus beau, le meilleur, disons le mot, — le seul modèle du billet de banque.

Avant de parler de l'impression des billets, il est bon d'expliquer le signalement qui les distingue les uns des autres et qui, comme point de repère et de contrôle, a une importance de premier ordre. Lorsqu'on regarde avec soin un billet de banque, quelle qu'en soit la coupure, on remarque qu'il porte une lettre suivie d'un chiffre et deux fois répétée, un chiffre deux fois répété, et enfin, en petits caractères, un troisième chiffre isolé. Ces chiffres n'ont rien d'arbitraire, ils constatent l'état civil du billet.

Toute émission de billets a lieu par *alphabet* (c'est le mot technique). Chaque alphabet, désigné par un numéro d'ordre, représente 25 000 billets, chaque lettre en représente 1 000. Selon que la lettre est suivie ou précédée d'une autre lettre, suivie ou précédée d'un chiffre, elle peut produire un tel nombre de combinaisons que nos petits-neveux n'en verront pas la fin. Ainsi chaque billet émis est frappé d'une lettre de série et d'un numéro particulier qui changent pour chaque billet. En outre, le chiffre isolé, adopté seulement depuis un arrêté du conseil en date du 20 juin 1867, représente le numéro du billet dans l'ordre de la coupure à laquelle il appartient.

Prenons pour exemple un billet de 1 000 francs. Au-dessous de l'énoncé *Banque de France*, je lis : *Paris, 25 mai 1808* ; cela prouve que ce jour-là le conseil a décidé qu'on émettrait l'alphabet dont ce billet fait partie. À gauche, en haut, sur les rinceaux bleus de la bordure, il porte la lettre T, suivie immédiatement du chiffre 32 ; lettre et chiffre sont répétés à droite en bas ; je sais dès lors qu'il appartient à l'alphabet 32 et dans cet alphabet à la lettre T ; à droite en haut, et à gauche en bas, je vois le chiffre 369 : c'est le numéro d'ordre du billet, qui est le trois-cent-soixante-neuvième de la série T, 32 ; enfin au centre du billet, sur un étroit espace laissé libre par l'impression interne des filigranes, j'aperçois le chiffre 0 793 369, qui m'apprend que depuis la première émission des billets de 1 000 francs on en a tiré 793 369 avant celui que j'ai sous les yeux.

Tout billet porte donc avec lui un passeport muni d'un signalement où l'on n'a pas oublié les signes particuliers. La lettre de série est le nom de famille ; le numéro d'ordre est le nom de baptême ; le numéro de coupure donne le rang du billet dans l'espèce générique à laquelle il appartient. Il est indispensable que le lecteur ait connaissance de ces multiples précautions, car seules elles lui feront comprendre comment toute contrefaçon est déroutée. De deux billets identiques l'un à l'autre, il y en a forcément un qui sera faux, puisque deux billets ne peuvent pas être absolument semblables : ils sont tous jumeaux, d'accord ; mais chacun, au jour de sa naissance, reçoit un trait distinctif qui empêche qu'il puisse jamais être confondu avec ses frères.

Ces combinaisons qui, malgré une extrême simplicité, opposent de très-sérieux obstacles aux tentatives des faussaires, sont, pour ainsi dire, les précautions morales dont on entoure le billet de banque à sa naissance. Il en est d'autres d'un ordre tout matériel qui concourent aussi à lui assurer une sécurité parfaite. Pour les objets d'une telle valeur, tout est à surveiller : la fabrication du papier, la planche gravée, le tirage, l'impression. Le papier sur lequel on imprime les billets sort de la fabrique du Marais, près de Coulommiers ; il est obtenu par des procédés particuliers que je n'ai point à révéler ici, dans un local exclusivement réservé au service de la Banque, sous la direction d'un commissaire nommé par le gouverneur et qui toute l'année habite le bâtiment d'exploitation. Le papier est fabriqué sur des formes, sur des *tamis*, comme on disait jadis, à la main et feuille par feuille. Chacune de ces feuilles représente un billet et contient à l'intérieur un filigrane visible par transparence et qui varie selon la coupure du billet.

Les feuilles sont étudiées une à une au triple point de vue de la solidité, de la dimension, de la pureté ; toutes celles qui laissent apercevoir une imperfection sont dites *cassées* et réservées au pilon ; la proportion des rejets est en moyenne de 60 pour 100. Le papier reconnu bon est divisé en *rames* de 500 feuilles qui sont ficelées séparément, renfermées dans une caisse de fer dont une double clef est à la Banque, scellées du cachet du commissaire et expédiées à Paris, à l'hôtel de la rue de la Vrillière. Le conseil de régence délègue un comité spécial pour recevoir le papier, qui est examiné scrupuleusement de nouveau, et, après procès-verbal, remis au secrétaire général et au contrôleur général, puis enfermé dans une caisse manœuvrant à deux clefs qui restent entre les mains des dépositaires. Il faut donc le concours de deux personnes pour ouvrir les énormes serrures derrières lesquelles le papier attend l'heure où il recevra les signes qui en font la valeur.

Lorsque la quantité de billets rentrés et reconnus hors de service fait sentir la nécessité d'en émettre de nouveaux, le gouverneur avise le conseil général et lui demande l'autorisation de créer des billets. Le conseil détermine alors le nombre d'alphabets, la date qui leur sera assignée et les diverses coupures. Deux alphabets ne portent jamais la même date. Si, par exemple, dans la séance du 15 février 1869, le conseil a arrêté qu'on émettrait trois nouveaux alphabets de 1 000 francs, le premier sera daté du 15 février, le second du 16 février, le troisième du 17 février. De cette façon, il ne peut y avoir de doute possible, si plus tard on rapporte à la Banque des billets avariés appartenant à ces émissions. Le chef de l'imprimerie se fait alors délivrer, sur récépissé signé de lui, les feuilles qui lui sont nécessaires, et, après les avoir comptées, les remet à ses ouvriers.

L'imprimerie fait partie des bâtiments mêmes de la Banque ; nul, s'il n'appartient à ce service spécial, n'a le droit d'y pénétrer. Elle est vaste, très-éclairée, comme il convient à des ateliers pareils, et outillée d'instruments d'une précision extraordinaire. Les ouvriers chargés de manœuvrer ces presses sont choisis avec soin : on peut dire de tous que ce sont des hommes de confiance. Aux murailles sont appendus de grands cadres où l'on voit les spécimens des billets que la Banque a fabriqués pour les États-Pontificaux et l'ex-empire du Mexique ; comme la banque dont ils devaient être l'instrument, ces derniers sont restés à l'état de projet. Dans un atelier isolé, on estampe sur des toiles en fil d'archal, nommées toiles *vélines*, les lettres qui doivent former le filigrane intérieur du papier. Les encres et feuilles non distribuées, les matrices des planches, sont gardées et enfermées dans une caisse dont le chef de l'imprimerie a seul la clef et dont il est responsable. La planche qui sert pour l'impression des billets de 1 000 francs a été livrée en 1842 par M. Barre père, à qui elle a coûté trois années de travail ; elle est d'acier et ne passe jamais sous les presses. Elle sert à faire des clichés à l'aide de la galvanoplastie, et ces clichés peuvent sans être trop fatigués tirer 50 ou 60 000 épreuves. C'est là le vieux système ; il est délaissé aujourd'hui pour les nouvelles coupures.

À cette heure, on dessine un billet de banque à une échelle exagérée ; par la photographie on le réduit aux dimensions précisément réglementaires, on le grave et on en fait des clichés. Le procédé est plus rapide, plus sûr et moins coûteux. Ce n'est pas à dire cependant que les essais soient moins lents et qu'on arrive du premier coup à la perfection. La planche du billet bleu de 100 francs, dont le verso est si gracieux, a exigé cinq années de tâtonnements ; mais on reconnaîtra, si on l'examine à la loupe, qu'on a pris à tâche d'y accumuler toutes les difficultés que peut offrir la gravure.

Après avoir subi une première opération, dont je ne suis pas libre d'expliquer les détails, la feuille de papier est imprimée par des presses spéciales mues à la vapeur. L'encre est bleue, inaltérable, et la composition doit en être tenue secrète. Comme on exige que chaque billet soit sans défaut, on ne se dépêche pas. Les personnes qui ont vu l'activité fébrile d'une imprimerie ordinaire ne croiraient guère que ce grand atelier paisible, très-propre et même élégant, emploie les mêmes procédés de travail. Un inspecteur se promène incessamment, allant d'une presse à l'autre, surveillant chaque mouvement, donnant parfois un ordre, et rappelant par la régularité de sa marche contenue dans d'invariables limites, la promenade monotone des officiers de marine lorsqu'ils sont de quart dans la batterie de leur vaisseau.

Autrefois le numérotage des billets se faisait à la main, méthode lente, défectueuse, et qui, malgré l'attention qu'on pouvait y apporter, amenait souvent des erreurs. Aujourd'hui il n'en est plus ainsi. M. Deriey a inventé une machine qui automatiquement applique aux billets le numéro de série, le numéro d'ordre et le numéro générique. Lorsqu'une fois elle est amorcée par la lettre d'alphabet, elle peut toute seule numéroter 1 000 feuilles sans qu'on soit obligé d'y toucher ; elle fait son travail ponctuellement, sans se tromper jamais ; à chaque billet qui passe sous son timbre mobile, elle change une unité ; tous les 10 billets elle change la dizaine, tous les 100 billets elle change la centaine, et cela avec cette précision qui fait croire à l'âme intelligente de ces êtres de fer et d'acier. À l'appareil est joint une pompe pneumatique qui déplace chaque feuille dès qu'elle a reçu d'un seul coup la quintuple empreinte dont elle est marquée.

Ces diverses opérations sont conduites par des hommes qui ont conscience de l'importance exceptionnelle de leur travail, mais il semble qu'ils la font partager à leurs machines, tant celles-ci ont des mouvements doux, onctueux, qu'on dirait intentionnellement affaiblis. On ne se presse pas, je le répète, car la perfection qu'on cherche à obtenir ne peut guère s'accommoder d'une trop vive rapidité. Il faut vingt jours pour qu'une simple feuille de papier, déjà munie des filigranes internes, puisse être convenablement imprimée. Est-il nécessaire d'ajouter qu'à chacune des phases différentes qu'elle traverse elle est comptée, étudiée et rejetée si elle n'est pas parfaite sous tous les rapports ? Un registre spécial reçoit une sorte de procès-verbal de toutes ces opérations, de sorte qu'en le consultant on pourrait savoir, depuis que la Banque de France existe, combien on a refusé de feuilles à la papeterie, combien ont été *fautées* par l'impression en blanc, combien par l'impression à l'encre, combien par le numérotage. C'est un chef-d'œuvre de contrôle permanent et de comptabilité.

Tous les billets, réunis et classés selon la lettre de série, — mille par lettre, — sont répartis en alphabets ; chaque alphabet se compose naturellement de vingt-cinq paquets attachés à part.

Ils sont livrés en cet état par le chef de l'imprimerie au chef d'un bureau particulier qu'on appelle *la comptabilité des billets*. À l'aide d'une machine mue par une pédale et portant un timbre armé d'une griffe autographique, il fait apposer sur les billets la signature du secrétaire général et celle du contrôleur. Si, en cet état, un billet venait à disparaître et était mis en circulation, on reconnaîtrait promptement qu'il a été soustrait, car il lui manque encore la dernière signature, la plus importante, celle qui, s'associant aux deux autres, donne une valeur de 1 000 francs à un chiffon de papier, celle du caissier principal.

Le chef de la comptabilité ouvre un registre particulier à chaque alphabet ; sur des colonnes formulées à l'avance, chaque billet est inscrit par son numéro d'ordre, et l'on constate ainsi ce qu'on appelle une création. Cette formalité étant accomplie, les billets, réunis et ficelés par paquets séparés, sont remis au secrétaire général et au contrôleur, qui les prennent en garde et les enferment dans leur caisse à double clef jusqu'au jour où l'émission en sera décidée. Cette dernière mesure est provoquée par le caissier principal, qui juge, lorsque le vide commence à se faire dans ses armoires, des besoins auxquels il doit faire face. Par l'entremise du gouverneur, il adresse sa demande au conseil, qui arrête que tel nombre d'alphabets lui seront remis. Dès lors il reçoit les billets des mains de ceux qui les avaient en charge, il les fait timbrer de sa griffe, baptême définitif qui les rend viables, et il les livre au public. En général, on fait en sorte d'avoir toujours une grosse masse de billets en réserve, de façon à ne les faire circuler qu'une année au moins après qu'ils sont sortis de l'imprimerie.

Il n'a pas la vie dure, ce pauvre billet de banque : deux ans, trois ans au plus ; et dans quel état il reprend le chemin du bercail qu'il a quitté si coquet, si pimpant ! *Eheu ! quantum mutatus !* Il revient criblé de trous d'épingles, percé à l'angle des plis, gris, terne, mou, vieilli avant l'âge par tant de pérégrinations à travers la poche des agents de change, des banquiers, des négociants, des filles, des escompteurs, des marchands de bric-à-brac ; il a traversé les mers ; il a voyagé dans la caisse des régiments ; il a jauni dans le tiroir secret des sacristies ; il a été mouillé de vin de Champagne sur la table des restaurants à la mode ; il a payé des toilettes tapageuses, passé entre cent mains différentes un jour de fin de mois ; il a été échangé vingt fois sur la pelouse de Chantilly ; il s'est étalé sur le tapis vert de Bade et de Hombourg ; il a fait bien des envieux avant de revenir se reposer et mourir aux lieux mêmes où il a pris naissance.

Il en est qui ont été si bien modifiés par une longue série d'infortunes, qu'il est presque impossible de les reconnaître. Il faut l'œil exercé du chef de la comptabilité pour ne pas hésiter. J'en ai vu qui n'étaient plus que des débris ; ils avaient été arrachés du feu, avaient été retrouvés à demi digérés dans l'estomac d'une chèvre, avaient bouilli dans une lessive avec la veste de toile où on les avait oubliés. Il faut une patience d'Œdipe, une sagacité de Peau-Rouge, pour parvenir à rassembler ces fragments informes, pour y lire un chiffre, pour pouvoir dire avec certitude : C'est tel numéro de tel alphabet ; pour réussir, en un mot, à reconstituer l'identité d'une telle épave. On garde avec soin et l'on montre, non sans quelque orgueil, ces impalpables vestiges, collés, réunis sur du papier gommé, vestiges insignifiants pour tout autre, mais où la Banque, mue par un haut sentiment du devoir, a pu, au prix de peines infinies, distinguer un signe, une apparence qui lui permet de rembourser la valeur intégrale du billet auquel ce reste seul avait survécu.

Se perd-il beaucoup de billets de banque ? Bien moins que l'on ne croit. Il est certain que les incendies et les naufrages ont dû en détruire une quantité appréciable, mais en remontant aux premières émissions et en consultant le registre qui leur a été consacré, on pourra se convaincre que le chiffre des billets non rentrés est assez minime. Les premiers billets de 1 000 francs, dits premier alphabet romain, ont été créés le 9 messidor an XI ; on en a émis 24 000, sur lesquels 23 958 étaient revenus à la Banque ; au mois de janvier 1869, 42 manquaient encore. La première émission des billets de 500 francs est du 24 germinal an XI ; sur 25 000, 24 935 ont fait retour, 65 font défaut. C'est bien peu pour une telle période que l'absence de 107 billets sur une masse de 49 000. On croit généralement que la Banque profitera des billets détruits par accident ou enfouis dans d'introuvables cachettes, en un mot définitivement disparus. C'est là une erreur fort enracinée, mais inexplicable. En admettant que la Banque vînt à liquider, soit parce que son privilège ne serait pas renouvelé, soit parce qu'elle fusionnerait avec une autre institution analogue, on établirait un compte : tant de billets émis depuis l'origine, tant de billets brûlés réglementairement, tant de billets en caisse ; le surplus serait forcément considéré comme étant en circulation, et la Banque en devrait la représentation en espèces, en rentes ou en immeubles. Ce n'est donc pas elle qui hériterait des billets morts, c'est cet être de raison qui ne prend jamais fin et qu'on nomme l'État.

Les billets qui rentrent journellement à la Banque n'en sortent de nouveau qu'après avoir été vérifiés et examinés ; tous ceux qu'une déchirure ou des taches mettent hors d'usage sont séparés des autres, réunis en paquets, et, ainsi disposés, soumis à l'action d'un emporte-pièce qui, en y découpant un trou large à peu près comme une pièce de cinq francs, leur interdit toute circulation possible. La place où doit mordre l'emporte pièce a été choisie de façon à ménager tous les signes qui peuvent être utiles pour déterminer la personnalité d'un billet. Lorsque ce premier travail a été accompli, les billets sont rendus au chef de la comptabilité, qui les fait classer selon les différents alphabets auxquels ils appartiennent.

Dès lors le conseil décide qu'il y a lieu à annulation de tel ou tel alphabet, et avis en est donné au chef de la comptabilité, qui, sur le registre où la création du billet a été relatée, en face même de son acte de naissance, inscrit la date de sa mort ; les mois sont désignés par les signes correspondants du zodiaque. Ainsi blessés par l'emporte-pièce, annulés par arrêt du conseil, portés comme défunts au livre de l'état civil, les billets sont enfermés dans de larges coffres de chêne où on les accumule les uns sur les autres, par ordre d'alphabet et de numéro. Ils reposent là, pendant trois ans, à l'abri des souris, qui ne peuvent parvenir jusqu'à eux, et ils exhalent une très-désagréable odeur de crasse, comme tout objet qui a passé dans des milliers de mains. Au bout de trois années révolues, on procède à l'incinération, opération dernière, formalité rigoureuse, mais qui ne détruit rien ; car le billet de banque est comme le phénix, il renaît de ses cendres.

Au milieu de la cour, située près de l'hôtel du gouverneur, à un endroit qu'on ne peut méconnaître, car les pavés noircis l'indiquent clairement, on amène un vaste brasero de fer sur les montants duquel est emmanchée une énorme caisse oblongue, arrondie, composée de deux tissus de mailles de fer, et qu'on manœuvre exactement comme un moulin à torréfier le café. On allume le feu, un bon feu, bien rouge, de sapin qui pétille. On ouvre les portes de la boîte, et, en présence des trois censeurs, l'on y jette des fortunes à payer des empires par 100 000 francs pour les billets de 100 francs, par 500 000 francs pour les billets de 500 francs, par million pour les billets de 1 000 francs. On referme les loquets et l'on se met à tourner. Les mailles des parois sont assez serrées pour que nul fragment de quelque importance ne puisse s'échapper. Les billets se recroquevillent, se distendent dans les liens qui les enserrent, se noircissent sur les bords, donnent une petite flamme bleue hésitante et pâle au-dessus du foyer rouge qui va les dévorer ; puis tout prend feu d'un coup et ce n'est plus qu'un grand brasier. Dans le mouvement de rotation, qu'on ne ralentit pas, les parcelles étincelantes, chassées comme des criblures de blé par une machine à vanner, se frayent un chemin à travers les boucles de la cage, sont rapidement poussées vers le ciel par le courant d'air chaud, passent par-dessus les maisons, flottent et retombent dans la rue de la Vrillière, place des Victoires, et les passants disent, en secouant cette cendre qui s'attache à leurs vêtements : « Tiens, la banque brûle ses billets. »

L'annulation est combinée de telle sorte qu'elle laisse toujours une certaine avance à la fabrication. On peut dire qu'en moyenne la Banque imprime 12 000 billets par jour et qu'elle en annule 8 000 ; de cette façon on est certain de n'être jamais pris au dépourvu. La création fort intelligemment démocratique des coupures de 100 et de 50 francs rend naturellement les annulations et les incinérations plus fréquentes ; il n'est pas de mois où l'on ne brûle de vieux billets.

La Banque parait décidée à ne plus émettre que des billets de 1 000, de 500, de 100 et de 50 francs. Les billets de 100 ont rendu les billets de 200 francs inutiles ; aussi l'on retire ces derniers à mesure qu'ils rentrent dans les caisses. Il est aussi un autre genre de billets auxquels on a essayé d'habituer le public, qui s'y est toujours, et avec raison, montré plus qu'indifférent. Je veux parler des billets de

5 000 francs, billets fort beaux, imprimés en carmin, qui furent créés le 28 mai 1846. On en a émis 4 000, et, à l'heure qu'il est, il n'en reste que huit en circulation. On en opère le retrait et l'on n'en livre plus. Il y a peu d'années cependant, un homme de lettres pompeux, ayant à recevoir ou à donner une dot de 60 000 francs, voulut, par excès de belles manières, qu'elle fût payée en billets de 5 000 francs. La Banque, fort complaisante, lui en remit 12. Le lendemain ils étaient rentrés à la caisse, car on était promptement venu les échanger contre des valeurs moins ambitieuses et plus faciles à faire mouvoir.

Dans le principe, les billets étaient imprimés en noir. L'invention de la photographie a forcé la Banque à renoncer à cette vieille méthode. Rien n'était plus facile que d'employer un billet comme cliché, d'en tirer une épreuve qui, devenue cliché à son tour, donnait une reproduction exacte du modèle. Deux couleurs sont absolument réfractaires au procédé daguerrien, malgré toutes les améliorations qu'il a subies depuis quelques années : c'est le bleu et le jaune ; l'un ne laisse qu'une trace très-peu perceptible, l'autre donne des tons invariablement noirs. Partant de ce fait d'expérience, le conseil a décidé, dans sa séance du 4 décembre 1862, que désormais tous les billets, qu'elle qu'en fût la coupure, seraient imprimés en bleu et porteraient une vignette sur chaque face. Les premiers billets de la nouvelle fabrication ont été versés à la caisse le 5 août 1863. Ainsi disposés, et dans l'état actuel de la science, ils défient la contrefaçon, — par la photographie directe, à cause de l'impression en bleu, — comme clichés reproducteurs, à cause du verso, qui, mêlant la vignette dont il est orné à celle du recto, produit par transparence une confusion de lignes inexprimable. Sous ce double aspect, les billets sont donc à l'abri des faussaires, qui, depuis la loi du 28 avril 1832, ne sont plus punis que des travaux forcés à perpétuité.

On pense bien que la Banque s'ingénie à savoir d'avance par quels moyens on peut l'attaquer. Elle fait étudier, dans des laboratoires particuliers, toutes les manœuvres dont on serait tenté d'user contre elle. Un chimiste fort habile décompose, pour ainsi dire, tous les procédés photographiques connus ; il opère, non-seulement sur les billets de la Banque de France, mais sur tous les emblèmes de monnaie fiduciaire qui peuvent passer entre ses mains. Plus redoutable que les alchimistes du moyen âge, il ne fait pas l'or et ne recherche pas la poudre de projection ; son grand œuvre est autrement important : il fait le billet de banque, le signe même de la richesse et du crédit ; mais toute sa science est mise au service du devoir professionnel et du salut de tous, car, découvrant les moyens que les faussaires peuvent employer un jour, il sait dès à présent y porter remède en faisant modifier la fabrication et en y introduisant des éléments nouveaux devant lesquels les plus habiles criminels seront contraints de s'arrêter.

On fait bien de se tenir en garde contre les faussaires, car ils ont parfois livré de rudes assauts à la Banque. Par-ci par-là, il arrive encore quelquefois un billet de 100 francs fait à la main. Le malheureux qui a commis le crime a dépensé vingt fois plus de temps et de talent qu'il ne lui en aurait fallu pour gagner la même somme ; ces cas-là sont très-rares, isolés, et n'inquiètent guère la Banque, qui garde le faux billet comme un spécimen curieux à ajouter à sa collection. Deux fois elle a été attaquée vertement. En 1852, un paquet de douze faux billets de 1 000 fr. fut présenté au bureau du change ; ils furent reconnus, une instruction fut commencée, et, à la suite d'une enquête secrète, activement menée, on acquit une conviction si étrange qu'il fut difficile de pousser les choses à l'extrême. Les billets étaient faits hors de France par un homme attaché à la maison d'un souverain expulsé de son pays ; un ancien directeur de la fabrication d'un des hôtels des monnaies du royaume le secondait dans cette œuvre peu légitime. Le principal agent pour l'émission des billets à Paris était un marquis, maréchal de camp, et le détenteur n'était autre qu'un homme qui se disait prince et prétendait être le descendant direct d'une illustre famille qui avait régné jadis sur une partie de l'est de l'Europe. Toute cette histoire est un roman des plus invraisemblables ; elle eut un demi dénoûment en septembre 1832, devant la police correctionnelle, où l'un des inculpés vint s'asseoir. Antérieurement à cette époque, la même année, vers l'instant où les émeutes politiques et le choléra causaient à Paris une perturbation profonde, un fait très-singulier se produisit : pendant la nuit, on jetait par poignées des billets de banque faux sur le carreau des halles, à la sortie des théâtres, partout enfin où la population se trouvait momentanément agglomérée. Cette fort mauvaise plaisanterie cessa tout à coup, et malgré les investigations de la police on ne sut jamais quel en était l'auteur.

Ce n'étaient là, jusqu'à un certain point, que des accidents ; mais vers 1853 la Banque put croire qu'on allait faire un siège en règle de son crédit. Des billets de 100 francs faux arrivaient dans ses caisses avec une régularité désespérante ; on avait beau stimuler le zèle des agents du service de sûreté, inventer des moyens de contrôle et diriger de mystérieuses enquêtes sur toute personne qui prêtait au soupçon, la nuit était absolue et nulle lumière ne venait l'éclairer. On n'était pas éloigné de croire à une vaste association de malfaiteurs admirablement outillés et aussi hardis qu'habiles. Les billets n'étaient point parfaits, mais ils accusaient une main exercée, et jamais encore on n'en avait vu dont l'imitation fût aussi redoutable. Tout le monde pouvait y être trompé, à l'exception des employés de la Banque cependant, qui, avec leur habileté ordinaire, avaient promptement découvert un défaut qui ne laissait aucun doute. Prés de la tête du Mercure qui sert d'ornement à la console supportant le cartouche où se trouve reproduit l'article 159 du code pénal, apparaissait un point noir, trace visible d'une cheville trop longue oubliée dans la planche à graver. Sans cet indice il eût peut-être été fort malaisé de distinguer les billets vrais et les billets faux. Les années s'écoulaient, les billets étaient présentés avec une persistance inquiétante ; la Banque payait et ne disait mot, car elle craignait, en divulguant ce secret, de voir discréditer toutes ses émissions de 100 francs. Enfin, en 1861, à la suite de péripéties, de fausses démarches, d'hésitations que je regrette de ne pouvoir raconter en détail, les recherches, sur l'indication presque prophétique du secrétaire général, prirent une direction unique, précise, et l'on acquit enfin, après huit années de tentatives infructueuses, la certitude que le coupable était un sieur Giraud de Gâtebourse. L'agent qui fut en partie cause de son arrestation s'appelait Tenaille : deux noms prédestinés. Le métier était bon sans doute, car Giraud menait une vie fort agréable ; il avait onze domestiques, dix chevaux et une meute de chiens de Saintonge.

C'était un ancien graveur ; sous prétexte d'apporter quelques améliorations à la fabrication des billets, il avait été assez adroit pour s'introduire à la Banque et peut-être pour y surprendre quelques-uns des procédés. Arrêté le 23 août 1861, il passa devant la cour d'assises le 14 avril 1862. Les débats constatèrent qu'il avait mis en circulation 1 603 billets de 100 francs, et 144 billets de 200, que la Banque avait remboursés par la somme de 189 100 francs. Il fut condamné aux travaux forcés à perpétuité. Transporté à Cayenne en vertu de la loi du 30 mai 1854, il y trouva une fin effroyable. Essayant de fuir vers les possessions hollandaises en compagnie de Poncet, qui devait monter plus tard sur l'échafaud, il ne put suivre son jeune et alerte camarade ; englué dans les vases du rivage, il ne parvint pas à s'en tirer et mourut mangé vivant par les crabes.

La leçon coûta cher, mais elle porta ses fruits ; la Banque a redoublé d'efforts pour amener ses billets à l'état de perfection, et depuis la grande tentative de Giraud, nul essai sérieux de contrefaçon ne parait avoir été entrepris. Je crois qu'il est difficile d'accumuler plus de précautions et de multiplier plus d'obstacles. À cet égard, la Banque ne mérite que des éloges : nos billets offrent des garanties presque certaines ; mais au point de vue de l'art, on peut trouver qu'ils laissent beaucoup à désirer. Le billet de 1 000 fr. a un verso remarquablement beau, mais le recto a vieilli ; il est froid, poncif, avec d'anciens emblèmes mythologiques : Mercure, Hercule, l'Industrie, la Science, la Justice, la Loi, l'Amour appuyé sur un lion, le coq gaulois et les mains unies ; le billet de 100 fr., dont le verso est un modèle de gravure, a aussi sur le recto des personnages bien durs et bien guindés. Nous sommes dépassés aujourd'hui sous le rapport de l'apparence plastique du billet, ou, pour mieux dire, la Banque s'est dépassée elle-même. Les billets qu'elle a imprimés pour le Mexique et pour les États du pape sont d'une beauté qui laisse bien loin celle de nos billets.

Je n'ignore pas que c'est une grosse question à résoudre, et que c'est toujours un avantage de laisser à la monnaie fiduciaire l'aspect et la forme auxquels le public est accoutumé ; mais ce même public est curieux, il s'est habitué sans peine à toutes les émissions de la Banque, même à celle des billets de 200 fr., qui étaient cependant d'une laideur remarquable. Il se ferait d'autant mieux à de nouveaux billets que ces derniers seraient plus près encore de la perfection rêvée, car c'est par la perfection seule, par la perfection absolue, s'il est permis de l'atteindre dans les choses humaines, que les contrefacteurs seront définitivement et pour toujours déroutés. La Banque doit au pays, elle se doit à elle-même de créer des billets qui soient de véritables œuvres d'art, qui rassemblent toutes les difficultés que la gravure peut imaginer, et qui offrent une image d'une indiscutable beauté.

Si la Banque adoptait ce parti, si le gouverneur, prenant une haute initiative, arrivait à convaincre le conseil général qu'une refonte de tous les billets ne peut être que glorieuse pour le grand établissement qu'il dirige, si la mesure était décidée, qu'on abandonne pour n'y jamais revenir la mythologie surannée dans laquelle on va chercher des emblèmes qui maintenant sont pour faire sourire, qu'on demande à la vie moderne les nobles allégories dont elle abonde, qu'on oublie une fois pour toutes que, sous prétexte d'être catholiques, nous sommes plus païens que Julien l'Apostat, et qu'à l'aide des documents nouveaux, en se souvenant des merveilleuses découvertes qui rendront le dix-neuvième siècle plus grand que le seizième, on crée une monnaie fiduciaire qui soit aux billets actuels ce que les médailles grecques sont à nos pièces de vingt francs. Malgré le côté presque exclusivement pratique de ses opérations, la Banque de France doit savoir et prouver qu'en toute civilisation le beau n'est pas seulement utile, mais qu'il est indispensable.

IV. Les opérations

Ouverte sur la rue de la Vrilliére, appuyée sur les rues Radziwill, Baillif et Croix-des-Petits-Champs, la Banque de France occupe depuis 1811 l'ancien hôtel du comte de Toulouse. L'aspect général est celui d'une prison de bonne compagnie ; les grilles et les portes de fer n'y font point défaut ; les solides murailles en gros appareil défient les escalades, et les armatures de métal qui ferment toutes les issues sont une défense qu'il ne paraît pas facile de vaincre. C'est la maison de l'activité par excellence ; les cours, les escaliers, les couloirs ne désemplissent pas ; deux courants contraires se coudoient partout. On ne voit que des gens affairés ; à chaque porte, à chaque palier des plantons répondent aux questions et renseignent sur les multiples détours de cet immense dédale. Comme on est en train de reconstruire l'hôtel, qui, suffisant pour loger des princes légitimés, n'était plus depuis longtemps de taille à servir de palais au crédit public, l'encombrement est encore augmenté par des cloisons improvisées, par des escaliers appliqués contre les murs, par mille bâtisses provisoires et parasites qui rendent peut-être la circulation plus facile, mais n'embellissent guère le local. À voir la foule qui se hâte et se presse dans l'enceinte de la Banque, on comprend du premier coup d'œil que c'est une institution vraiment universelle. Toutes les classes de la société y sont représentées, soldats, artisans, bourgeois, depuis le capitaliste qui vient toucher le dividende de ses actions, jusqu'au pauvre petit ouvrier en chambre qui arrive pour payer un effet. Celte première impression est très-vive et inspire un grand respect pour cet établissement, qui, n'ayant en vue que l'intérêt public, prête indifféremment son concours à tout le monde.

L'escompte est, de toutes ses œuvres, la plus importante et la plus générale. C'est une opération à l'aide de laquelle on obtient d'une maison de banque, moyennant un droit variable suivant les circonstances, l'argent dont on a besoin immédiatement et qu'on ne devrait normalement toucher qu'à une époque déterminée, qui ordinairement est de trois mois. Cet argent est représenté par un effet nommé lettre de change, billet à ordre, qui devient monnaie fiduciaire à la condition que chaque possesseur successif y mettra non-seulement sa signature, mais encore le nom de la personne à laquelle il le livre : c'est ce qu'on appelle l'endos, parce que ces différentes inscriptions sont tracées sur le dos du billet. En terme de métier, l'escompte est la prime payée au banquier qui avance l'argent d'un effet dont l'échéance n'est pas encore arrivée. Le taux de l'escompte est essentiellement variable, puisqu'il répond à des exigences plus ou moins accentuées, et satisfait des besoins plus ou moins pressants. C'est le conseil général qui, consultant le marché monétaire de France et d'Europe, fixe lui-même et en toute liberté d'action à quel taux la Banque consent à escompter les billets. L'argent est une marchandise qui perd ou acquiert de la valeur, selon qu'il est abondant ou rare.

On peut être certain, lorsque l'escompte de la Banque est très-bas, comme en janvier 1869, où il était à 2 1/2, que les capitaux accumulés engorgent les caisses particulières et ne peuvent trouver aucun débouché leur offrant assez de sécurité pour les attirer. Tout individu qui fait des affaires et qui par conséquent a besoin de crédit, banquier, négociant, marchand, entrepreneur, s'adresse à la Banque pour avoir la faculté de faire escompter des billets par elle. Il transmet au conseil une demande qui doit être appuyée par trois notables commerçants. Cette demande est examinée, discutée. Si celui qui l'a signée n'offre pas des garanties de solvabilité suffisantes, elle est repoussée. Au contraire, dès qu'elle est admise, le postulant a, comme on dit, droit de présentation. Les billets apportés au bureau d'escompte doivent être à une échéance maximum de trois mois et être revêtus au moins de trois signatures ; ils sont réunis et placés dans un bordereau imprimé et formulé qui relate le nom des souscripteurs, des premiers endosseurs, la valeur, la date des échéances, le nombre de jours qui restent à courir avant le payement, la somme due pour l'escompte. Chaque bordereau est signé par le présentateur. Les billets ainsi contenus dans une feuille de signalement sont remis avant dix heures du matin au chef de ce service.

Ils sont reçus par des employés dont les doigts habiles comptent les billets avec une rapidité inconcevable et dont les yeux singulièrement perspicaces savent découvrir, au premier regard, si les indications du bordereau sont en concordance parfaite avec les énoncés des billets ; ceux-ci les passent à d'autres agents qui ont pour mission de rejeter tous ceux qui sont entachés d'irrégularités matérielles ; chacun des billets défectueux est mis à part, et l'on y joint une fiche qui indique le motif du rebut : échéance trop longue, trop courte, somme surchargée, défaut de date, acceptation irrégulière, timbre insuffisant, signature en souffrance, endossement conditionnel. Chaque motif de refus à une fiche spéciale teintée d'une couleur particulière, de sorte qu'à première vue un présentateur peut voir pourquoi ses billets n'ont pas été admis et porter remède à l'irrégularité dont ils sont entachés. Tous les billets réguliers sont rassemblés alors, réunis au bordereau et expédiés à un bureau mystérieux où ils vont être étudiés, pesés, eût dit Montaigne, non plus sous le rapport des défauts extérieurs, mais au point de vue des qualités morales et de la confiance qu'ils peuvent inspirer. Une grande table couverte d'un tapis vert, contre la muraille des sortes de huches de bois remplies de cartes rangées par ordre alphabétique et qui chacune portent un nom, c'est là tout le mobilier ; mais sur cette table les billets étalés montrent souvent les plaies du crédit de celui qui les a tirés, et ces cartes sont le répertoire explicatif, détaillé de tous les protêts qui ont atteint le commerce de la France entière.

Lorsque je suis entré dans ce cabinet, le travail a cessé immédiatement, et les bordereaux repliés ont caché tous les billets qu'on examinait. Il devait en être ainsi, cette redoutable opération doit être secrète. Divulguée, elle pourrait pour longtemps compromettre la réputation commerciale d'un homme. Là on connaît tout ce qui touche au crédit particulier. Pour exercer ces graves fonctions, qui sauvegardent la responsabilité de la Banque et aussi l'honorabilité du commerce, il faut une prudence irréprochable et une mémoire prodigieuse ; les cartes sont plutôt des archives que des documents à consulter, et il est assez rare qu'on y ait recours. Bien des gens, voulant savoir à quoi s'en tenir positivement sur la situation de tel ou tel négociant, sont venus dans ce bureau et ont interrogé le chef de service. Jamais, sous aucun prétexte, une réponse n'a été donnée. La Banque est un établissement de crédit tellement hors de proportion avec tous les autres, elle est si impersonnelle, elle jouit d'une considération si puissante, que toute parole de blâme émanant directement d'elle est faite pour ruiner d'un seul coup le crédit le mieux établi. Les employés de ce bureau sont donc tenus à une discrétion absolue ; ils ont entre les mains l'âme du commerce de tout Paris et en sont responsables.

Les billets qui, après examen, paraissent aux agents de ce service ne pas devoir être acceptés par la Banque, sont marqués d'un signe convenu et replacés avec les autres dans leur bordereau respectif ; mais ils ne sont pas refusés pour cela, car le bureau des renseignements ne peut émettre qu'un avis, c'est le comité d'escompte qui décide en dernier ressort. Ce comité, auquel les liasses de billets sont immédiatement expédiées après cette opération préalable, siège tous les jours de midi à une heure. Il est composé de quatre régents et de trois actionnaires exerçant le commerce. Là tous les billets sont examinés de nouveau, et le comité, dont les décisions sont péremptoires et sans appel, efface sur le bordereau le nom et les sommes des billets qu'il ne veut point accepter. On ne réclame jamais, car on sait que nulle explication ne serait fournie. Le total, rectifié selon les radiations qui ont été faites, est écrit et consigné par un des régents en tête du bordereau ; un sous-gouverneur écrit le chiffre à une place déterminée, et le gouverneur l'approuve en y mettant son paraphe. Ainsi, pour cette opération, l'entente des deux pouvoirs de la Banque de France, du pouvoir délibérant et du pouvoir exécutif, est indispensable. Les billets et les bordereaux sont alors renvoyés au bureau qui les a reçus le premier ; on y additionne le total des sommes représentées par les billets non rejetés, en ayant soin de défalquer le montant du taux de l'escompte ; on inscrit la somme et le nom de la personne qui peut en disposer sur une fiche qu'on lance par une trémie à la caisse spécialement chargée de ce service. On y crédite de la somme indiquée le compte du présentateur, qui est prévenu par un avis émanant du bureau de l'escompte, et il peut le jour même utiliser l'argent qu'on tient à sa disposition.

Le travail de l'escompte est un des plus considérables qui se puisse voir ; il s'est exercé, en 1868, sur 2 396 752 effets, représentant la somme de 2 221 540 108 fr. 6 centimes ; sur ce nombre, 32 180 billets, équivalant à 24 724 319 fr. 78 centimes, ont été rejetés par le conseil. La moyenne de la valeur des effets est faible, puisqu'elle ne s'élève pas à plus de 928 francs. C'est là surtout qu'apparaît l'importance démocratique de la Banque ; si elle reçoit des traites du Trésor s'élevant parfois à plusieurs millions, elle accepte, elle escompte sans hésiter des billets de deux ou trois francs souscrits par de pauvres diables aux abois. C'est surtout le petit commerçant, le fabricant isolé, qui a recours à la Banque ; elle se montre bonne mère pour eux et ne les répudie pas. Les hauts financiers, les grands banquiers, ceux qu'on appelle familièrement les gros bonnets, ne s'adressent que bien rarement à elle ; ils ont intérêt à faire eux-mêmes l'escompte et à user de leurs capitaux avant de s'adresser à ceux d'autrui.

Tous les effets acceptés sont rangés par ordre d'échéance et enfermés dans ce qu'on appelle le portefeuille ; quel abus de mot ! Je défie Briarée de le mettre dans sa poche. Cette immense caisse, à doubles murailles de fer, à quadruples serrures, remplit à elle seule une chambre entière, chambre en pierres de taille, dans laquelle elle est scellée par des crampons gros comme des peupliers de vingt ans. Tous les jours on fait remettre au bureau chargé de la recette les effets qui échoient le lendemain. Ce bureau offre une physionomie particulière, on l'appelle *la galerie* ; en effet, il occupe au rez-de-chaussée une salle immense à laquelle un sous-sol provisoire sert de complément. On y fait le tri des billets, on les divise par quartiers ; chaque quartier est remis à un brigadier, qui le distribue à ses hommes. Les garçons de recette de la Banque de France sont bien connus dans Paris. Qui ne les a vus passer, la chaînette du portefeuille pendant à la boutonnière, la sacoche à l'épaule, le tricorne crânement posé sur le coin de l'oreille ? qui n'a été frappé de leurs bonnes figures sans moustaches, de leur allure rapide, de l'air de probité qui semble adoucir les traits de leur visage ? Leur costume invariable, le grand frac gris à boutons blancs ornés d'une tête de Mercure, est respecté par la population à l'égal de n'importe quel uniforme ; et ce n'est que justice, car tous sont de braves gens qui manient des fortunes, portent parfois plusieurs millions dans leurs larges poches et sont incapables de voler deux sous. Ils sont au nombre de 170 et divisés en quinze brigades correspondant aux quinze zones par lesquelles la Banque a fictivement partagé Paris.

Au point du jour, ils partent pour présenter à chaque signataire le billet que ce dernier a souscrit et en recevoir l'équivalent. Aux échéances du 15 et de la fin du mois, chacun d'eux a en moyenne cent trente maisons à visiter ; si l'on réfléchit que chaque billet doit être remis au domicile du souscripteur, que ce soit à l'entresol ou au sixième, on pourra imaginer que le soir ils ont les jarrets singulièrement fatigués par tous les escaliers qu'il leur a fallu gravir. La Banque les autorise à donner une fiche portant leur nom et le numéro de leur brigade aux personnes qui ne peuvent pas payer immédiatement, afin que celles-ci puissent venir acquitter à l'hôtel de la rue de la Vrillière le montant de leur effet. La galerie est curieuse à visiter, surtout aux jours des grandes échéances de la fin de juillet et de la fin de décembre. En attendant que les constructions soient terminées, on assemble dans la cour d'entrée des baraques séparées par des barrières où l'on parque les retardataires ; un grand tableau, visible pour tous, indique le nom des garçons qui, étant rentrés, peuvent encaisser à la Banque les recettes qu'ils n'ont point touchées dans la journée.

C'est vers quatre heures que la foule arrive, inquiète, presque anxieuse, dans la crainte d'être venue trop tard et de ne pouvoir éviter un protêt. En cela elle a tort ; dès qu'elle a pu pénétrer dans la cour, elle est certaine qu'elle ne sera pas renvoyée au lendemain. Ceci est de principe à la Banque ; on sait qu'on appartient au public, et l'on ne s'y couche que lorsque toute la besogne est faite. La galerie, éclairée par le gaz, qui jette des lueurs blanches sur les murailles neuves, est divisée en 169 petits bureaux. C'est là que le garçon de recette s'installe, à sa table, défendu contre les ardeurs indiscrètes du public par un fort treillis de fer qui fait ressembler sa cabane à une cage. Son nom et son numéro, inscrits en gros caractères, servent d'indication à ceux qui le cherchent. Des plantons, des invalides pris pour la circonstance et qui semblent fort ahuris au milieu de ce monde, en présence de ces billets de banque qu'on feuillette d'un doigt rapide, de ces masses d'or qu'on pèse lestement sur des balances, mettent un peu d'ordre dans la foule, ne la laissent entrer que petit à petit et font parfois des réflexions baroques. — Ah ! me disait l'un d'eux en regardant une liasse de billets de banque qui représentait bien 5 ou 600 000 francs, si j'avais cela, je mettrais tous les jours une côtelette de porc frais à l'*ordinaire* ! — Si j'étais roi, disait un bouvier de la Sabine, je garderais mon troupeau à cheval !

Les zones sont très-différentes entre elles. Celle du faubourg Saint-Germain est représentée par des domestiques en livrée, qui viennent payer le billet de leur maître ; celle de la rue Notre Dame-de-Lorette montre de petites femmes piaillardes, remuantes, jouant des coudes pour se faire faire place, regardant l'heure à toute minute, tant elles craignent de manquer le diner auquel elles sont invitées ; elles tiennent en main 25 ou 50 francs qui doivent acquitter le billet fait à la marchande à la toilette pour un faux chignon ou une perruche verte ; celle de la rue Notre-Dame-de-Nazareth est fréquentée par un monde assez sordide, en grande redingote traînante, à longs cheveux gras : œil inquiet, regardant par-dessus des besicles, nez pointu, barbe de bouc, mains osseuses et d'une propreté peu ragoûtante. Au milieu de tous ces gens qui forment queue à chacune des cases et que les garçons de recette se hâtent d'expédier, il y a bien des industriels sans industrie, qui viennent tâter le terrain et les poches du voisin pour reconnaître si, par hasard, ils ne pourraient pas y trouver, sans malencontre, quelques-uns des *fafiots garatés* dont ils sont si friands.

L'endroit n'est pas sain pour eux d'ailleurs, et j'ai vu rôder là certains bourgeois aux pommettes saillantes, aux larges épaules, aux allures félines, qui pourraient bien avoir dans quelque coin de leur portefeuille une carte d'agent du service de sûreté. Le poisson va toujours à la rivière, et le filou aux endroits où il peut travailler ; il est donc naturel que les salles d'attente de la Banque soient très-fréquentées par les voleurs. Il y a aussi une autre espèce de gens qui hantent la galerie, se mêlant aux groupes dès qu'un chef de service passe auprès d'eux, flânant, regardant deci et delà avec nonchalance, et qui attendent l'instant propice pour aller demander aux garçons si tels billets, dont ils donnent l'indication, ont été remboursés. Ceux-là sont les petits escompteurs, race véreuse par excellence, écorchant le pauvre monde, faisant faire des signatures d'endossement pour cinq sous par les écrivains publics, marchands de contre-marques à l'occasion, ne reculant devant aucun bas métier, tombant souvent en police correctionnelle et frisant parfois la cour d'assises ; on les appelle les *toupiniers*. Lorsqu'un haut employé les aperçoit et les reconnaît, il s'empresse de les faire jeter à la porte, sans plus de cérémonie que si c'étaient des chiens crottés.

Quand le dernier souscripteur de billet, le dernier voleur, le dernier agent de police, le dernier *toupinier* ont quitté la galerie, on ferme les portes ; mais cependant tout n'est pas fini, loin de là. Il faut régler les bordereaux, voir s'ils concordent entre eux, relever les erreurs, compter les billets de banque et peser l'or. Chaque escouade fait ce travail, qui est long et méticuleux, sous la direction de son brigadier. Lorsqu'on s'est mis d'accord, l'argent est porté à une caisse, les billets à une autre ; tout est vérifié de nouveau et transmis à la caisse principale. On peut croire que tout alors est terminé ; mais il faut préparer l'échéance du lendemain et distribuer à chaque homme les effets qu'il devra présenter. C'est ainsi que parfois, lorsque les échéances ont été lourdes, la galerie est encore éclairée à deux, à trois heures du matin, et que les habits gris, ainsi que les garçons de recette s'appellent entre eux, sont occupés autour de leur petite lampe à faire des calculs et à pointer des chiffres. Chaque jour suffit à sa tâche ; quand cette besogne a pris fin, les garçons ont mérité d'aller dormir.

Tout n'est pas rose dans leur métier, car ils sont responsables de l'argent qu'ils ont à recevoir, et ils sont obligés d'opérer avec une telle rapidité que leurs erreurs sont fréquentes. Dans les premiers temps qu'ils sont au service de la Banque, les garçons font école sur école ; on a beau ne leur donner ni corvées, ni gardes, ni veillées à faire, les laisser exclusivement se consacrer à la recette, il est rare que leur apprentissage ne leur coûte fort cher, et lorsque au bout de l'année ils alignent leur compte, ils s'aperçoivent avec stupeur qu'ils ont perdu plus qu'ils n'ont gagné. Il faut rembourser ; c'est une grosse affaire, bien pesante ; ils payent par tempérament, tant par mois qu'on retient sur leurs appointements ; peu a peu ils s'y font, prennent l'habitude de bien compter, plutôt deux fois qu'une, et finissent par avoir des recettes en équilibre ; heureusement que la Banque les laisse profiter des excédants de recette, et qu'ils peuvent ainsi diminuer leur déficit. Celui qui parvient à ne pas faire de pertes est fort admiré et envié par ses camarades, qui disent de lui : « C'est un vieux roublard, il n'a pas été refait une seule fois cette année-ci ! »

Le fait est douloureux à avouer, mais on les vole beaucoup. Qui ? les voleurs qui cherchent fortune dans les rues, les gamins qui se faufilent entre les jambes et excellent à fourrer leurs petites mains dans les poches ? Non pas. Ils sont volés par les personnes mêmes auxquelles ils ont affaire, et qui, peu scrupuleuses parfois, estimant que tout bien trouvé est un bien gagné, ne s'empressent pas de faire remarquer au garçon de recette qu'il oublie, tant il se hâte, tant il est talonné par l'heure, de ramasser un billet ou un appoint en écus. Ces pertes sont assez considérables pour la galerie, 25 ou 30 000 francs par an au moins. Elles sont personnelles et retombent tout entières, d'un poids souvent très-lourd, sur le pauvre homme qui s'est laissé duper.

Si je me suis si longuement étendu sur l'escompte, c'est que de toutes les opérations c'est la plus importante, la plus générale, celle qui fait le plus de bien, qui pénètre jusqu'aux dernières couches de la société, et qui, par les immenses services qu'elle rend chaque jour, suffirait à expliquer l'existence de la Banque de France et à justifier le respect dont elle est environnée. Toutefois cette opération, qui est bien réellement la base du crédit et du travail industriels, n'est pas la seule dont la Banque soit le théâtre.

Il en est d'autres qui, d'un caractère moins universel, offrent cependant une grande utilité pratique et dont il convient de dire quelques mots. En première ligne se placent *les comptes courants*. Tout individu, pourvu qu'il ne soit pas failli non réhabilité, peut avoir un compte courant à la Banque : il suffit de remplir certaines formalités faciles et d'adresser une demande au conseil, qui ne refuse jamais. On peut dès lors confier à la Banque les fonds qu'on a sans emploi, en disposer selon ses besoins, à l'aide de mandats payables au porteur, à la condition expresse que la valeur du mandat ne dépassera jamais celle de la somme mise en dépôt. La Banque devient donc dépositaire et caissière ; elle est responsable de la somme reçue, touche et paye au lieu et place de celui qui prend lui-même le nom de compte courant. Ce sont les gros négociants, les notaires, les agents de change, qui usent surtout de ce moyen très-sûr de garder de l'argent et de le faire mouvoir sans en avoir l'embarras. Pour beaucoup de ces personnes, principalement pour les notaires et les agents de change, les mandats donnés sur la Banque sont des mandats de virement. Si à la suite d'une liquidation un agent de change doit 100 000 francs à l'un de ses confrères, au lieu de le payer en écus ou en billets, il lui remet un bon de virement qui est envoyé à la Banque ; on débite le compte du premier agent de change de la somme indiquée, et l'on en crédite le compte du second ; de cette façon, le payement est effectué sans échange d'espèces.

Ce système est très-pratique, il est d'une sécurité parfaite et apporte dans les relations financières une économie de temps considérable. Les personnes admises au compte courant et à l'escompte ont aussi la faculté de faire toucher par la Banque les effets qu'elles ont à recevoir ; cette opération, qu'on appelle le *comptant*, est absolument gratuite. Ce service prend un accroissement extraordinaire et pourrait même, par l'encombrement qu'il occasionne, par les frais qu'il entraîne, causer quelques embarras à la Banque, si elle ne savait toujours se maintenir à la hauteur de sa grande mission.

La Banque fait aussi des avances sur des valeurs mobilières qui ont été étroitement déterminées par la loi ; de quelque nom qu'on veuille appeler ce genre d'opération, c'est le prêt sur nantissement. Nulle demande d'avances n'est acceptée, si elle n'est accompagnée d'un certificat signé par une personne ayant un compte courant et attestant que le postulant a toujours fait honneur à sa signature. Dans le bureau des avances, de larges ardoises, fixées à la muraille au-dessous de l'énoncé des titres acceptés, relate le cours à la Bourse de chacune de ces valeurs et la somme proportionnelle qu'on peut prêter dessus, qui est de 60 pour 100 lorsqu'il s'agit d'actions ou d'obligations de chemins de fer et de 80 pour 100 quand on se trouve en présence d'effets publics ou de rentes sur l'État ; de cette façon il n'y a jamais hésitation de la part de l'emprunteur ; un seul coup d'œil lui apprend à quoi il peut s'en tenir. Ce service est assez considérable et a entraîné, pour l'année 1868, un mouvement de fonds de 433 415 450 fr. ; le prêt a lieu pour deux mois, avec facilité de renouvellement, et est grevé d'un intérêt annuel de 5 pour 100. Comparé aux bureaux de l'escompte, du comptant, à la galerie, ce bureau est assez silencieux ; mais il n'en est pas toujours ainsi. Quand l'État se décide à faire un emprunt, c'est à qui viendra apporter là ses titres de rente, ses actions, ses obligations, ses bons du trésor pour avoir de l'argent comptant qui permet de souscrire et de réaliser quelques bénéfices.

Si la Banque accorde des avances sur valeurs mobilières, à plus forte raison en fait-elle sur lingots d'or et d'argent et sur pièces étrangères ; mais cette opération est presque exclusivement exploitée par les banquiers et les changeurs qui font le commerce des monnaies et gardent souvent leurs métaux avant de les envoyer à l'hôtel du quai Conti, mais les mobilisent néanmoins en empruntant une somme à peu près égale à la valeur du nantissement.

Les diverses opérations que je viens d'énumérer sont actes de banquier ; mais la Banque de France intervient aussi comme simple dépositaire et se charge des objets précieux qu'on lui confie. Elle devient alors une sorte de caisse de sûreté dans laquelle chacun a le droit de faire enfermer ses diamants, ses bijoux, excepté toutefois l'argenterie, lorsque le volume ne permet pas de faire passer les boîtes qui la contiennent dans l'escalier de la caisse. Le droit de garde auquel les dépôts sont assujettis est fort minime et équivaut jusqu'à un certain point à une prime d'assurance. Il est de 1 fr. 25 cent. pour 1 000 ; mais la valeur d'un dépôt est toujours censée représenter au moins 5 000 francs. Le déposant signe sur un registre l'acte de dépôt, en regard duquel il applique un cachet analogue à celui qui scelle la boite renfermant les objets qui ont été vérifiés en sa présence. Le dépôt est fait pour six mois, c'est-à-dire que, ne serait-il laissé que vingt-quatre heures à la Banque, il est frappé d'un droit représentant une demi-année de garde. Presque tous les diamants appartenant à des personnes qui vont d'habitude à la campagne, passent l'été dans les armoires de la Banque. Si la caisse des dépôts pouvait parler, elle fournirait plus d'un curieux chapitre à l'histoire contemporaine. Elle dirait qu'il y a longtemps, — je me hâte d'ajouter que c'est avant notre expédition du Mexique, — elle a contenu toutes les dépouilles de la cathédrale de Mexico : ostensoirs garnis d'émeraudes et de diamants, crucifix, statuettes d'or, encensoirs de vermeil, bagues à chaton d'améthyste, crosses pastorales émaillées. Que sont devenues ces richesses ? Il est difficile de le savoir, mais les brocanteurs, les joailliers, les changeurs, les banquiers de Paris pourraient peut-être en raconter quelque chose.

Nulle prescription ne peut atteindre un dépôt, et il y en a dans les caisses de la Banque qui y sont pour jamais. Ce sont des titres au porteur émis, au moment du grand agiotage de 1838, par des sociétés industrielles pour lesquelles des asphaltes imaginaires, des bitumes problématiques et d'invraisemblables charbons étaient un sûr moyen de vider les poches d'actionnaires plus cupides que clairvoyants. Ces compagnies ont été rejoindre les neiges dont parle François Villon. Quelques-uns des titres dont ces compagnies avaient inondé la place de Paris ont été déposés jadis à la Banque comme un bien précieux. Les propriétaires les y laissent sans mot dire, car ces paperasses n'ont plus aucune valeur, pas même celle du droit de garde qu'il faudrait acquitter, si on les voulait retirer. Tous ces chiffres sont là, dans des portefeuilles respectifs, disparus sous une épaisse couche de poussière qui augmente tous les ans et finira par les ensevelir.

Ce sont jusqu'à un certain point les premières actions dont la Banque ait eu le dépôt ; aujourd'hui un service spécial, créé en 1855 et fort surchargé, est consacré au dépôt des titres qui sont indéterminés et n'ont sous ce rapport aucune ressemblance avec ceux sur lesquels on fait des avances. En 1868, la Banque a reçu à Paris 22 860 dépôts volontaires, formant ensemble 661 939 titres de valeurs françaises et étrangères, de 924 natures différentes. Non-seulement la Banque garde ces actions, ces obligations, mais elle en reçoit les arrérages pour le compte des propriétaires, qui viennent les toucher lorsque l'heure de l'échéance a sonné. La même année, ces arrérages se sont élevés à la somme de 62 903 993 francs. La caisse où les dépôts sont conservés s'appelle la *serre* ; c'est, du reste, le nom que la Banque donne à toutes les caisses qui, n'étant pas destinées à la dépense ou à la recette, sont réservées à la garde des valeurs non circulantes, telles que papiers pour billets, billets imprimés, billets non encore émis. Cette fois, du moins, le nom est bien trouvé, car le local lui-même fait illusion, et c'est bien une serre qu'on a sous les yeux. C'est une vaste salle oblongue assez semblable à une galerie, éclairée par un jour d'atelier et garnie d'énormes armoires dont les légers montants de fer sertissent des glaces transparentes. Là, sur des planchettes de fer, les portefeuilles sont appuyés les uns sur les autres, avec cet air penché et maladroit que les volumes affectent dans une bibliothèque mal rangée. Le bâtiment est récent, et l'on peut voir quel soin la Banque apporte à ses nouvelles constructions : il ne contient pas un atome de bois ; il n'y entre que du fer, de la pierre, du verre, de l'ardoise. L'incendie serait habile s'il pouvait mordre sur de tels matériaux. On ne saurait, du reste, s'entourer de précautions trop minutieuses pour défendre un tel trésor. Lorsque j'ai été admis à le voir, il représentait 1 240 159 863 francs, au cours de la Bourse du jour, et se composait de 2 383 561 titres.

Non loin du dépôt s'ouvre le bureau des actions, qui sont, d'après la loi, au nombre de 182 500, dont 124 613 inscrites à la Banque centrale, et 57 887 dans les succursales. Le registre sur lequel elles sont relatées en contient l'historique depuis l'origine jusqu'à l'heure présente, et l'on peut, en le consultant, savoir entre quelles mains elles ont passé, combien ont été transférées volontairement, combien à la suite de décès, combien atteintes d'oppositions. Elles ont le privilège de pouvoir être assimilées à un immeuble, et, comme telles, d'être frappées d'hypothèques, de servir à un emploi de régime dotal, de former un majorat. L'héritier d'un des grands noms du premier empire a encore aujourd'hui son majorat constitué de la sorte. Le registre est composé de seize énormes volumes qui pèsent chacun une vingtaine de kilogrammes. Ils sont en double, et chaque soir, au moment de la fermeture du bureau, on en met un exemplaire complet sur des brancards et on le porte à l'autre extrémité de la Banque ; de sorte que, si un incendie se déclarait pendant la nuit, il faudrait qu'il embrasât instantanément tous les bâtiments pour que les titres des actionnaires, — originaux ou copies, — fussent détruits.

Au bout de la galerie des actions, dont l'aspect n'a rien de particulier, le bureau des succursales étale orgueilleusement des salles nouvellement construites. C'est de là que part l'impulsion donnée aux banques de province, et c'est là que ces dernières envoient journellement le procès-verbal de leurs opérations, qui sont, dans des limites naturellement plus restreintes, les mêmes que celles dont nous nous occupons. Huit inspecteurs visitent à époques indéterminées les succursales, en apprécient les besoins, en examinent le fonctionnement et aident à leur donner tout le développement qu'elles peuvent comporter. Lorsqu'une succursale manque de monnaie métallique, on lui en expédie par le chemin de fer en acquittant une assurance onéreuse qui, pour 1868, s'est élevée à la somme de 407 000 francs ; mais lorsqu'elle est dépourvue de billets, on emploie pour lui en faire parvenir en toute sécurité un moyen fort ingénieux que le lecteur me pardonnera de ne pas dévoiler.

La Banque ne paye jamais qu'en billets, excepté, bien entendu, les appoints au-dessous de 50 francs ; mais comme ces billets sont au porteur et qu'on peut immédiatement les convertir en espèces, elle a un bureau de change qui est fort occupé et regorge de monde à toute heure du jour. Il est très-surveillé, car il ne manque pas de gens à mine douteuse qui viennent y chercher fortune. Toute somme inférieure à 10 000 francs est changée à ce bureau ; pour les sommes supérieures, on doit s'adresser à la caisse principale. Le maniement des fonds exigé par le change des billets en or a été pendant l'année 1868 de 722 515 000 francs, dont 374 208 000 francs pour la caisse de change et 348 307 000 francs pour la caisse principale. À propos de ce bureau et de toutes les autres caisses de la Banque, il existe dans le public une opinion qu'il convient de rectifier. On croit généralement et l'on dit volontiers que tout versement fait par la Banque est considéré comme définitif et que si, par distraction, le caissier a payé plus qu'il ne devait, la somme totale est légitimement acquise à celui qui l'a reçue. Il n'en est rien, et, comme les caissiers sont personnellement responsables de leurs opérations, ils réclament par tous les moyens en usage, et font rentrer les *erreurs en trop* que la probité la moins chatouilleuse devrait engager à restituer sans délai.

Toutes les affaires d'une nature litigieuse sont transmises à un bureau de contentieux, qui ne manque pas d'occupation. La façon de procéder de la Banque, en certaines matières, mérite d'être expliquée. Lorsque la Banque est forcée de poursuivre un débiteur, elle fait sa grosse voix, elle menace beaucoup ; mais en réalité elle fait plus de bruit que de besogne, car elle a pour principe de ne jamais pousser les choses à l'extrême et de ne pas arriver aux dernières rigueurs. Même dans les plus mauvaises époques, en 1848 par exemple, lorsque tant de gens ont argué de la révolution pour ne pas payer leurs dettes, elle ne s'est jamais montrée créancière implacable. Elle prend ce qu'on appelle en langage de procureur toutes les mesures conservatoires, protêt, dénonciation de protêt (pour sauvegarder le recours contre les endosseurs), saisie-arrêt, inscriptions hypothécaires ; mais pas une fois elle n'a provoqué une vente mobilière ou immobilière, pas une fois elle n'a requis l'emprisonnement, pas une fois elle n'a fait déposer un bilan. Sa mansuétude est inaltérable ; comme un géant qui ne s'abaisse pas à frapper un être faible, elle retient ses coups et se laisse rire au nez par ses débiteurs, qui lui disent parfois avec impudence : Je vous défie de me faire mettre en faillite.

Aucune des opérations de la Banque, si minime qu'elle soit, fût-ce l'enregistrement d'un effet de 1 fr. 25 cent., ne peut être faite par un seul employé. Toutes les écritures sans exception exigent le concours de plusieurs agents. Cette série de formalités constitue un contrôle permanent et assure une régularité infaillible, puisqu'elle engage plusieurs responsabilités intéressées à se surveiller mutuellement. Les résultats d'un pareil système sont tels, qu'une erreur est une chose rare à la Banque et que dans le bureau de l'escompte, où il passe annuellement plusieurs millions d'effets qui sont examinés un à un, on a, depuis vingt ans, égaré un seul billet, lequel valait vingt francs.

La comptabilité est excellente, car chaque caissier est teneur de livres ; cependant on ne s'en rapporte pas à eux, et, le soir, toutes les écritures de la journée sont transmises au bureau de la balance, qu'on appelle plus communément les *livres*. Là, des employés spéciaux, qu'on nomme balanciers, prennent ces innombrables paperasses écrites au courant de la plume, les réunissent, repassent tous les chiffres, refont tous les calculs, ne jugent que sur pièces à l'appui, comme ferait une cour des comptes, et relèvent les erreurs, s'il y en a. Il suffit parfois d'une virgule mal placée pour mettre en déroute une colonne de deux cents chiffres. Un effet de 16,55 a été inscrit 1 655 ; il faut tout recommencer, tout reprendre, et finir, à force de soins, de patience, de perspicacité, par découvrir pourquoi les totaux ne sont pas en concordance exacte. On peut dire que la Banque ne se couche qu'après avoir mis ses comptes à jour, car tant qu'une erreur n'est pas rectifiée, on veille et l'on travaille, quand même le gaz éteint aurait fait place au jour.

Grâce à cette façon de procéder, la Banque sait toujours où elle en est. Chaque soir, son passif est aligné en balance avec son actif. À quelque heure que ce soit, elle est prête à liquider, à rendre compte de sa gestion, car à chaque minute elle sait combien elle a de billets en circulation, combien en caisse ; ce que valent son portefeuille, sa réserve métallique, combien elle possède à Paris, combien dans les succursales. C'est là le triomphe de l'ordre, de l'activité et de la prudence. Quand on pense aux millions qui se brassent du matin au soir, aux opérations nombreuses et aux formalités multiples qu'elles entraînent, on est confondu que tout soit apuré chaque soir. En arrivant à leur bureau, les hauts fonctionnaires et les principaux employés reçoivent une feuille formulée d'avance sur laquelle on n'a plus que des chiffres à écrire et qui contient la situation de la veille. On sait donc toujours avec certitude sur quel terrain l'on marche, et ce n'est pas une cause de minime étonnement pour ceux qui pénètrent la première fois dans les mystères sans secret d'une si grande institution.

V. Les caves

Presque tous les bureaux où se préparent et s'exécutent les différentes opérations de la Banque de France sont munis d'une caisse qui, selon les besoins qu'elle doit satisfaire, est appelée caisse de recette ou caisse de dépense. Ces caisses partielles sont les succursales de la caisse principale, qui, pour éviter l'encombrement, a délégué une partie de ses pouvoirs ; c'est la division du travail. Chaque matin, avant l'ouverture réglementaire de la Banque, les caissiers se réunissent à la caisse principale, où on leur remet les sommes qui sont nécessaires à leur exercice quotidien ; ils comptent les billets, les appoints en monnaie, et enferment le tout dans un solide portefeuille qu'ils font porter dans leur bureau par un garçon qui les accompagne. Les caisses sont aujourd'hui disposées de telle sorte qu'on peut s'y rendre sans franchir les cours.

Autrefois il n'en était pas ainsi, et le caissier s'en allait seul, à travers les cours et les corridors. Une tentative violente fit prendre des précautions plus sérieuses. Au mois de décembre 1837, M. Bouron, caissier, ayant en main un carton qui contenait 1 100 000 francs en billets de banque, au sortir de la grande cour qu'il était obligé de traverser, fut accosté dans un couloir étroit par deux individus qui se jetèrent sur lui et voulurent lui arracher son portefeuille. Il se défendit, appela au secours, tomba, entraînant ses agresseurs avec lui. Selon une vive expression d'un rapport de police, ils pataugeaient à travers les billets de banque. Un des malfaiteurs put s'échapper, l'autre fut saisi et conduit chez le commissaire de police, où il se brûla la cervelle. Cette aventure fut un avertissement sévère, et maintenant les caissiers, toujours escortés par un garçon solide, ne se rendent à leur bureau que par les salles intérieures de l'hôtel. Le maximum des sommes qu'un caissier peut donner est limité, et celles qui dépassent

20 000 francs doivent être acquittées par la caisse principale. Tous les jours, lorsque les bureaux sont fermés, les caissiers-adjoints rapportent à la caisse mère le reliquat de la journée, de sorte que chaque soir tout l'argent, tous les billets de la Banque sont centralisés au même endroit, sous la même surveillance, sous la même responsabilité.

Elle est curieuse à visiter, cette caisse principale, où l'on manie les billets de banque avec autant d'indifférence que les pâtissiers manient les petits pâtés : le mouvement y est incessant et considérable ; il devient parfois excessif au moment des fortes liquidations. Dans la journée du 5 décembre 1868, par exemple, il a été de 550 559 509 fr. 18 cent. C'est alors un va-et-vient perpétuel, et, sous forme de billets, le Pactole coule par les guichets devant lesquels s'entasse le public. J'ai vu là, répandus sur de grandes tables, 105 millions que l'on compulsait. J'étonnerai peut-être le lecteur en lui avouant qu'un tel spectacle ne produit qu'un effet médiocre. Autant l'on est ébloui par la vue de quelques centaines de mille francs en pièces d'or, scintillantes et sonores, autant on reste calme en présence de ces feuillets de papier.

Un million en billets de banque, épingles et ficelés, ne fait pas grand embarras, comme on dit vulgairement ; dans la main, c'est fort léger, 1 644 grammes, et à l'œil ça figure à peu près le volume d'un gros in-octavo. Il y a quatre ou cinq ans, un tanneur de Dijon ayant dit que le budget représentait, en billets de banque, la hauteur du clocher de Saint-Bénigne, fut traduit en police correctionnelle sous l'inculpation de propos séditieux. Devant le tribunal, il soutint son opinion avec vigueur et fut acquitté. Les juges ont montré de l'esprit, et, de plus, ils ont implicitement reconnu que le prévenu n'avait pas tort. Mille billets de 1 000 francs, placés à plat, ont précisément 10 centimètres de haut. En donnant au budget deux milliards en chiffres ronds, les billets de banque qui le composent, superposés les uns sur les autres, atteindraient une hauteur de 200 mètres ; or, d'après l'*Annuaire du Bureau des longitudes*, la tour de Saint-Bénigne n'a que 92 mètres 09 centimètres ; le tanneur de Dijon était donc bien au-dessous de la vérité.

Quoique la caisse principale soit amplement fournie, de manière à faire face aux nécessités, même exceptionnelles de chaque jour, il arrive parfois qu'elle se trouve inopinément dépourvue, et qu'on est obligé d'aller puiser dans la grande réserve qui est déposée dans les caves. Les caves de la Banque ! ce sont là les cinq mots magiques qui ouvrent un horizon sur le pays des *Mille et une Nuits*. On pense involontairement aux contes de madame d'Aulnoy : « Toc, toc, fit la duchesse

Grognon, et il sortit du tonneau un millier de pistoles ; toc, toc, et il sort un boisseau de doubles louis d'or ; toc, toc, il sort tant de perles et de diamants que la terre en était toute couverte. » On s'imagine que dans ces souterrains, qui devraient, comme le trésor des *Niebelungen*, être gardés par des génies, les pièces d'or et les écus d'argent sont jetés en tas ainsi que l'avoine dans les greniers. Il n'en est rien et il faut en rabattre. Nul endroit n'est plus triste, plus terne, moins fait pour tenter. Les doubles portes qui en protègent l'entrée sont formidables, et nulle forteresse n'est armée de telles murailles de fer, de si gros verrous, de si puissantes serrures. On y descend par un escalier en vrille, tout en pierres de taille assemblées au ciment romain, défiant le pic et la pioche ; on l'a volontairement rendu si étroit, que deux personnes n'y peuvent passer de front. Quatre portes de fer munies chacune de trois serrures se présentent ensuite. Pour les ouvrir, il faut le concours forcé du caissier principal et du contrôleur général. Lorsque tous ces obstacles sont franchis, on pénètre en plein mystère.

On s'attend à se trouver dans le domaine des éblouissements, à voir les masses d'or et d'argent briller à la lueur des bougies en étincelles éclatantes, et l'on se trouve en présence de hautes caisses de plomb, qui cachent hermétiquement ce qu'elles renferment, ne le laissant soupçonner que par l'étiquette écrite à la main qu'on a collée dessus. C'est l'argent qui est là, monnayé et enfermé dans de grands sacs qui tous, invariablement, contiennent 10 000 francs. Ceux de nos lecteurs qui, visitant un navire de guerre, sont descendus dans la soute à l'eau, peuvent se faire une idée très-exacte de l'aspect général de ces caves, à cette différence près que les caisses, au lieu d'être en fer boulonné et rivé, sont en plomb. Les sacs d'or, d'une valeur de 10 000 francs aussi, sont gerbés les uns sur les autres, comme des bûches dans un chantier, par larges tas grisâtres, sans caractère et sans originalité. Lorsqu'on les remue un peu vivement, ils rendent un petit son aigrelet qui rappelle le métal.

Les lingots appartenant aux banquiers et aux changeurs, qui les ont déposés à la Banque contre avances, sont symétriquement rangés, et, sauf leur couleur d'un blanc verdâtre, ont l'air de briques empilées. Seuls les lingots d'or, jetant des lueurs fauves quand on les éclaire, semblent des carrés de feu immobilisés et représentent bien la matière précieuse. En somme, l'aspect est décevant et la dernière des vitrines de la galerie d'Apollon, au Louvre, montrant des buires en cristal de roche et des statuettes en sardoine, produit une impression bien plus profonde et bien plus durable. Il faut une certaine réflexion pour comprendre que ces caisses de plomb, ces tas de sacs au milieu desquels on se promène, constituent une fortune sans pareille. Lorsque je les ai visitées, les caves contenaient 726 275 666 fr. 68 c. Il ne faut point en faire fi, c'est une belle somme ; mais si les caves de la Banque de France sont le séjour du veau d'or, il faut avouer que ce dieu médiocre est singulièrement mal logé.

Quels sont les moyens que la Banque tient en réserve pour interdire l'accès de ses caves, ou pour y neutraliser les intentions mauvaises de ceux qui seraient parvenus à s'y introduire ? Il est difficile de le dire, car elle n'est point bavarde à cet égard. Je n'affirmerais pas qu'elle ne puisse noyer, asphyxier ou brûler les visiteurs trop indiscrets ; les tuyaux de gaz et les conduites d'eau peuvent être, à un moment donné, de redoutables auxiliaires ; de plus, on peut, en un laps de temps très-court, ensabler complètement l'escalier. Il n'y a pas d'autre issue pour entrer dans les caves, ni pour en sortir ; si elle est oblitérée, l'accès en est impossible.

La Banque fait bien d'être en mesure de protéger son encaisse métallique, qui est la fortune d'autrui bien plus que la sienne, et qui est la garantie des billets en circulation. Dans les circonstances ordinaires, elle est bien gardée et suffisamment défendue, par une compagnie de soldats d'abord, et aussi par un poste permanent de pompiers. Chaque nuit des garçons de recette désignés sont de garde, veillent près du vestibule de la caisse principale, que des hommes de confiance ne quittent jamais. D'heure en heure les garçons font une ronde qui embrasse les cours, les écuries, les jardins, les couloirs, les combles. Partout ils ont à constater leur passage réglementaire en remontant des cadrans qu'on a placés dans des endroits écartés les uns des autres. Ils doivent, à chaque ronde, tirer une sonnette qui correspond au poste des pompiers comme pour leur dire : Nous veillons, veillez-vous ? En outre, par un guichet semblable à la bouche d'une boite à lettres, ils jettent un marron, sorte de plaque en zinc carrée, qui glisse jusque dans la chambre de l'officier de service au poste des soldats. J'ai fait cette ronde, car il est curieux de revoir, dans le sommeil de la nuit, les lieux qu'on a visités pendant le jour, lorsqu'ils étaient animés par le travail et par la foule. Dans les galeries, dans les couloirs, dans les vastes salles désertes, plane une odeur fade et neutre qui est celle de la poussière ; les pas retentissent sur les parquets de bois et éveillent des échos sonores ; le gaz tremble devant les fenêtres entr'ouvertes ; parfois derrière une croisée on aperçoit une ombre noire qui se promène régulièrement : c'est un planton qui, toute la nuit, arpente une terrasse par où l'on pourrait peut-être s'introduire dans l'hôtel. Des chats effarés passent à travers les jambes, et au bruit des portes qu'on ouvre, des araignées glissent lestement le long des murs pour aller se cacher derrière leurs toiles tissées à l'angle des plafonds.

C'est en parcourant ce grand désert silencieux, en montant dans les greniers où souffle l'aigre bise de la nuit, qu'on peut apprécier les précautions que la Banque a accumulées pour se défendre contre l'incendie. Dans chaque salle, des pompes sont gréées ; partout où il y a des pans de bois, des haches sont appendues aux murailles ; des conduites d'eau rampent comme des serpents le long des poteaux de pierre, et aboutissent à des robinets dont chacun a un numéro d'ordre ; vingt-quatre réservoirs contiennent 72 000 litres d'eau : ils sont toujours pleins et prêts à toute éventualité. Ce n'est pas assez ; à chacun des angles du quadrilatère de la Banque, une prise est directement branchée sur la conduite d'eau de la ville, et la pression y est suffisante pour qu'au besoin le jet liquide dépassât la partie la plus élevée des constructions. Tout cela est fort bien et peut, dans un moment donné, être très-utile ; mais ce qui vaut mieux encore, c'est la surveillance journalière, ce sont les soins assidus, la prudence que rien ne met en défaut et qui est telle que l'on n'a pas gardé, à la Banque, le souvenir d'un commencement d'incendie. Si jamais il s'en manifestait un, il est probable qu'il serait vite comprimé, et que le zèle des employés suffirait.

Les employés sont profondément dévoués à l'institution qu'ils servent, et c'est justice, car elle est pour eux pleine de prévoyance et très-maternelle. Elle n'admet pas cette mesure égoïste du surnumérariat, par laquelle les grandes administrations ne craignent pas d'accepter un travail sans compensation. La Banque exige un service régulier, fatigant, souvent excessif dans les heures de presse, mais elle sait le reconnaître à sa juste valeur, et les agents qu'elle emploie entrent dans les bureaux avec un minimum fixe de 2 000 francs. Une caisse de retraite parfaitement organisée permet de donner une situation acceptable à de vieux serviteurs, et il est rare, pour ne pas dire sans exemple, que le conseil n'ajoute pas à la pension une somme annuelle arbitrairement fixée, selon la durée et l'importance des services rendus. L'avancement y est normal, et les hauts employés, ceux qui aujourd'hui remplissent les fonctions les plus importantes, — le secrétaire général, le caissier principal et d'autres, — sont entrés jadis comme petits commis aux écritures et ont fait leur chemin, un chemin brillant et fort envié, à travers les bureaux où ils ont gravi successivement tous les degrés de la hiérarchie.

Par suite d'une combinaison ingénieuse, tout fonctionnaire, depuis le gouverneur jusqu'au dernier garçon de recette, est soumis à un cautionnement qui, selon la situation administrative des individus, est représenté par un plus ou moins grand nombre d'actions de la Banque. Les employés, étant propriétaires dans l'établissement qu'ils servent, ayant une part du fonds social, ont un intérêt direct et permanent à ne pas négliger un travail qui peut avoir une certaine influence sur leur propre fortune. Aujourd'hui, le personnel attaché à la Banque possède 9 175 actions, représentant au cours actuel 27 973 750 francs. La Banque ne dédaigne pas d'entrer dans les petits détails, et elle a fait établir dans les sous-sols un restaurant dont la carte, fixée à l'avance, permet aux employés de trouver, pour un prix relativement minime, une nourriture qui ne paraît pas à dédaigner.

Si j'ai réussi à faire comprendre les multiples opérations que la Banque met en mouvement, on conviendra qu'à une largeur de vues qu'on ne peut nier elle ajoute une prudence à toute épreuve. Bien des financiers de l'école moderne, école qui souvent a montré une hardiesse qui dépassait les limites, trouvent que *la vieille*, c'est ainsi qu'ils appellent la Banque, devrait sortir de son cercle d'action habituel et entrer sans hésitation dans le mouvement des affaires. En la pressant, fort heureusement en vain, de soutenir des opérations d'intérêt général touchant à l'agriculture et au commerce, ils obéissaient à l'ancienne idée latine, catholique, essentiellement française, en vertu de laquelle on a toujours recours à l'ingérence du gouvernement, qui tue l'initiative individuelle.

La Banque a résisté, et elle a bien fait. *Mole sua stat*. Elle veut simplement, mais elle veut avec une inébranlable fermeté, que son billet soit bien réellement de l'or non-seulement pour elle, mais pour tout le monde. Ce résultat, qui pourrait nier qu'elle ne l'ait toujours obtenu ? Le jour où ce vieux monument se laisserait envahir par les plantes parasites, il ne tarderait pas à être couché dans la poussière. C'est pour avoir voulu trop généraliser ses opérations que Law a jeté la France dans une banqueroute formidable. L'argent de la Banque n'appartient pas à la Banque ; elle en est le dépositaire, parce qu'on le lui a confié et parce qu'il est la garantie de sa monnaie fiduciaire. Si elle répudiait ce principe, elle entrerait dans la vie d'aventures qui mène au port quelquefois et le plus souvent au naufrage.

En dehors des conseillers trop intéressés pour être écoutés et qui veulent forcer la Banque à rompre brusquement avec ses sages traditions, elle a des ennemis qui verraient volontiers dans sa ruine le commencement de la félicité publique. De ceux-là il faut sourire, car ils ne sont point dangereux. Un agitateur célèbre, montrant du doigt l'hôtel de la rue de la Vrillière, a dit : « C'est là qu'il faut faire la prochaine révolution ! » Niaiserie d'un écrivain qui s'emporte à son propre lyrisme et d'un niveleur envieux ! La Banque est le cœur même de la vitalité commerciale et industrielle de la France ; c'est la bourse toujours ouverte où les petites gens vont puiser : elle est à la fois le phare, le refuge et le port de ravitaillement ; tout succomberait avec elle si on la brisait violemment, et les auteurs d'un tel crime seraient les premiers à mourir de faim sur les ruines qu'ils auraient faites.

Il n'y a rien de semblable à craindre, et en admettant qu'une révolution soit encore possible, elle n'atteindrait pas plus la Banque que 1830 ou 1848 ne l'ont atteinte ; elle est et elle restera l'exemple d'un établissement qui a pu traverser sans péril des crises que l'on croyait mortelles, que le cours forcé de ses billets a popularisé, et qui, par la moralité, par la prudence avec laquelle il est conduit, par l'excellent mécanisme du gouvernement constitutionnel qui dirige ses destinées, est devenu pour le crédit public un organe d'une puissance unique au monde.

Partie II[2]

I

Pourquoi la France, dont le génie financier s'est si clairement et brillamment manifesté, avait été en retard par rapport à d'autres pays pour l'organisation de sa banque d'émission ? Cette deuxième partie, revient sur certains éléments présentés dans la partie précédente, pour analyser les étapes de l'existence de la banque de France et son développement.

La Grande-Bretagne, la Suède, la Hollande, l'Italie, l'avaient précédée de beaucoup dans cette voie ; c'est à l'an 1694 que remonte la fondation de la Banque d'Angleterre, celle de Suède date de 1656 ; les banques de Gênes, de Venise, d'Amsterdam, de Hambourg, florissaient à des époques où aucune institution semblable n'existait chez nous. Mais il est un fait qui explique la lenteur que la France a mise à suivre l'exemple d'autres nations européennes : c'est l'aventure extraordinaire du début du XVIIIe siècle, l'arrivée à Paris de l'Écossais Law, la fondation par lui de la fameuse banque royale au début de la Régence, et les désastres qu'elle entraîna. Il est inutile de

---

[2] Raphael-Georges Lévy.

rappeler ici les détails de cet épisode financier, qui eut un si grand retentissement et des conséquences lointaines et prolongées : l'histoire en a été écrite par M. Levasseur dans l'excellent livre qu'il a consacré au système de Law, et tout récemment par l'auteur du présent article. Mais on sait assez à quels excès de spéculation donnèrent lieu les actions de cette banque et des Compagnies des Indes et autres qui y avaient été rattachées, pour comprendre que ce n'était pas d'un établissement dirigé comme celui-là qu'on pouvait attendre l'organisation rationnelle de la circulation fiduciaire en France. Non seulement Law, qui avait cependant commencé par affirmer qu'il agirait selon les principes inflexibles du crédit et de la monnaie, se lança dans les entreprises les plus démesurées et d'un caractère tout différent de celles qui conviennent à une banque d'émission, mais il prétendit, par une législation qui ne tarda pas à devenir draconienne, substituer de force le papier aux espèces et donner à son billet une valeur égale et même supérieure à celle du numéraire. Le résultat inévitable ne tarda pas à se produire : en dépit de tous les arrêtés, le public refusait d'abandonner ses marchandises contre une promesse de payer dont le signataire ne lui inspirait plus confiance. Le « système, » comme on l'appelait, s'écroula, et laissa derrière lui une telle méfiance de tout ce qui s'appelait banque, qu'une partie du XVIIIe siècle s'écoula sans qu'aucune tentative fut faite pour en créer une en France. Sous le ministère Turgot, un arrêt du Roi en Conseil, daté du 24 mars 1776, établit la Caisse d'escompte de commerce, au capital de 15 millions, porté plus tard à 100 millions. Elle était autorisée à émettre des billets en représentation des valeurs escomptées par elle. Le gouvernement accapara peu à peu toutes ses ressources, en se faisant consentir des avances de plus en plus considérables ; de septembre 1788 à novembre 1789, il ne lui enleva pas moins de 120 millions. L'Assemblée constituante réclama de nouveaux prêts : la Caisse, pour les fournir, porta son capital à 150 millions, mais cela n'empêcha pas le cours forcé d'être décrété et l'institution elle-même de disparaître dans la tourmente.

C'est alors qu'une loi du 21 décembre 1789 créa les assignats. Elle ordonnait la vente de biens provenant du domaine ecclésiastique ou royal jusqu'à concurrence de 400 millions, la formation d'une caisse de l'extraordinaire, destinée à recevoir les fonds provenant des ventes et la création d'assignats jusqu'à concurrence de la valeur des biens à réaliser. L'État émettait donc un billet gagé par le produit d'opérations futures et incertaines : bien qu'il ignorât l'époque à laquelle il pourrait trouver acquéreur et à quel prix, il prétendait faire de ce papier une monnaie et lui donner force libératoire. Cette conception erronée fut la source des pires abus et de la plus extraordinaire débauche de papier-monnaie que l'histoire ait enregistrée. La dépréciation des assignats augmenta rapidement, en dépit des lois de plus en plus rigoureuses qui ordonnaient à chaque citoyen de les recevoir au pair des espèces métalliques. Plus le pouvoir d'achat de ce papier diminuait, et plus les gouvernements révolutionnaires en multiplièrent les émissions. En octobre 1795, lorsque la Convention se sépara, le louis d'or valait 2 500 livres en assignats, c'est-à-dire que ceux-ci perdaient les 124/125 de leur valeur. Le 22 décembre de la même année, les Conseils des Anciens et des Cinq Cents décrétèrent que le total de l'émission serait porté à 40 milliards, après quoi on briserait les planches et les poinçons qui avaient servi à les fabriquer. Le Directoire essaya ensuite de substituer aux assignats, tombés à zéro ou à peu près, les mandats territoriaux, également gagés par des propriétés foncières. Ceux qui gouvernaient alors le pays ne semblaient pas avoir compris la leçon, si cruelle dans sa clarté, des années précédentes ; le nouveau papier n'eut pas un sort meilleur que l'ancien ; au bout de peu de mois, le mandat territorial était au niveau de l'assignat, et la France privée de toute espèce de circulation fiduciaire.

Il faut se reporter aux récits de l'époque pour se rendre compte du désordre invraisemblable que la dépréciation du papier à cours légal avait provoqué. Les débiteurs de toute catégorie s'empressaient de se libérer, puisqu'ils pouvaient le faire à des conditions inespérées pour eux. On vit, par exemple, des divorces nombreux permettre à des maris de rembourser, moyennant un prix dérisoire, les capitaux dont ils étaient comptables vis-à-vis de leurs femmes. Une fois le tour joué, les époux s'unissaient de nouveau, affranchis des entraves que les conventions d'un premier mariage avaient apportées à la libre disposition de leurs biens. Les propriétaires, forcés de recevoir en assignats le paiement de leurs baux, subissaient un préjudice énorme ; beaucoup d'entre eux étaient réduits à la misère. Le gouvernement, malgré l'entêtement que les assemblées mettaient à vouloir ignorer les faits qui se passaient autour d'elles, fut contraint, à un moment donné, de reconnaître officiellement la dépréciation de sa signature et d'essayer de fixer un rapport entre le papier et le métal, sans tenir compte de la similitude des dénominations. La loi du 8 messidor an V posa les bases d'évaluation du papier-monnaie : c'est ainsi qu'elle reconnaissait qu'au 30 ventôse an IV, 100 livres d'assignats ne valaient pas plus de 10 livres de numéraire.

Pendant les quelques années qui suivirent, la Caisse des comptes courants, fondée en 1796, et la Caisse d'escompte du commerce, créée en 1797, émirent des billets à vue, en quantités modérées, pour les besoins commerciaux de la capitale. Lorsque le Premier Consul remit l'ordre dans les finances, il voulut donner à un établissement unique la faculté d'émission.

La Banque de France, (comme évoqué dans la première partie de ce livre), fut constituée le 18 janvier 1800, au capital de 30 millions de francs. Les statuts prévoyaient l'émission de billets, mais ce n'est que par la loi du 24 germinal an XI (14 avril 1803) que la Banque reçut le privilège exclusif d'émission, limité d'ailleurs à la capitale. Sauf 5 millions souscrits par le Trésor, les fonds furent apportés par des particuliers ; Bonaparte premier consul figure sur la liste des actionnaires. Les augmentations successives de ce capital, qui l'ont porté en quatre fois à son chiffre actuel de 182 500 000 francs, ont toujours été effectuées au moyen d'espèces versées par les souscripteurs.

Le préambule des statuts est curieux à relire. Il rappelle que « par le résultat inévitable de la Révolution française et d'une guerre longue et dispendieuse, la nation a éprouvé le déplacement et la dispersion des fonds qui alimentaient son commerce, l'altération du crédit public et le ralentissement de la circulation de ses richesses. Dans des circonstances semblables, plusieurs nations ont conjuré les mêmes maux et trouvé de grandes ressources dans des établissements de banque ; et l'on doit s'attendre à ce que l'intérêt privé et l'intérêt public concourront d'une manière prompte et puissante au succès de l'établissement projeté. » Toutefois c'était alors le Conseil général qui seul était chargé d'organiser l'administration de la Banque, et de faire tous les règlements nécessaires à cet effet. Aucun fonctionnaire de l'établissement ne devait sa nomination à l'État.

Les statuts primitifs de la Banque indiquent l'objet de son activité : la définition n'en a pas été sensiblement modifiée, depuis la date du 24 pluviôse an VIII : escompter des lettres de change et des billets à ordre revêtus de trois signatures de citoyens français et de commerçants étrangers ayant une réputation notoire de solvabilité ; se charger, pour le compte des particuliers et pour celui des établissements publics, de recouvrer le montant des effets qui lui seront remis, et faire des avances sur les recouvrements de ces effets lorsqu'ils lui paraîtront certains ; recevoir en compte courant tous les dépôts et consignations, ainsi que les sommes en numéraire et les effets qui lui seront remis ; payer les mandats tirés sur la Banque par ses clients ou les engagements qu'ils auront pris à son domicile, et ce jusqu'à concurrence des sommes encaissées à leur profit ; émettre des billets payables au porteur et à vue, et des billets à ordre payables à un certain nombre de jours de vue.

Trois ans après la fondation de la Banque, qui n'avait jusque-là d'autre charte que ses statuts approuvés par ses actionnaires, le législateur intervint. Le 24 germinal an XI, le Premier Consul proclama loi de la République le décret rendu par le Corps législatif, conformément à la proposition faite par le gouvernement le 19 du même mois, communiquée au Tribunat le surlendemain. L'article Ier déclare que l'association formée à Paris sous le nom de *Banque de France* aura pour quinze ans le privilège exclusif d'émettre des billets aux conditions énoncées par la loi, et dont la première est que la Banque ne pourra faire aucun autre commerce que celui des matières d'or et d'argent. Aux régents et aux censeurs institués par les statuts primitifs, la loi ajoute un conseil d'escompte, composé de douze membres choisis parmi les commerçants de la capitale.

Trois ans après, à la suite de la crise de décembre 1805, qui avait coïncidé avec la campagne d'Austerlitz et préoccupé l'Empereur jusque sur les champs de bataille autrichiens, une nouvelle loi intervint, celle du 22 avril 1806, qui remania l'organisation de la Banque, étendit son privilège jusqu'en 1843, doubla son capital en le portant à 90 millions, et confia la direction des affaires à un gouverneur, assisté de deux suppléants, nommés tous trois par l'Empereur. Le gouverneur lui-même nomme et révoque les agents de la Banque, signe tous traités et conventions, préside le Conseil général et les comités, fait exécuter dans toute leur étendue les lois relatives à la Banque, les statuts et les délibérations du Conseil général, et propose au gouvernement les nominations de directeurs des succursales. Le Conseil d'État connaît, sur les rapports du ministre des Finances, des infractions aux lois et règlements qui régissent la Banque et des contestations relatives à sa police et à son administration intérieures. La même loi de 1806 dispose que : « Le Conseil général de la Banque continue à surveiller toutes les parties de l'établissement, à faire le choix des effets qui pourront être pris à l'escompte ; à délibérer ses statuts particuliers et les règlements de son régime intérieur ; à délibérer, sur la proposition du gouverneur, tous traités généraux et conventions ; à statuer sur la création et l'émission des billets de la Banque, payables au porteur et à vue ; à statuer pareillement sur le retirement et l'annulation ; à régler la forme de ces billets ; à déterminer les signatures dont ils devront être revêtus ; à déterminer le placement des fonds de réserve et à veiller sur ce que la Banque ne fasse d'autres opérations que celles déterminées par la loi, et selon les formes réglées par les statuts. »

La volonté de l'Empereur, qui semble avoir eu la vision très nette de ce que doivent être les rapports de l'Etat avec la Banque d'émission, se manifesta ainsi par l'organisation d'un pouvoir exécutif qui s'incarnait dans le gouverneur, et le maintien des droits du Conseil de régence qui représentait plus directement les actionnaires.

Le privilège, qui expirait en 1843, fut prorogé par la loi du 30 juin 1840 jusqu'au 31 décembre 1867. Néanmoins, il aurait pu prendre fin ou être modifié le 31 décembre 1855, s'il en avait été ainsi ordonné par une loi votée dans l'une des deux sessions précédant cette époque. La loi du 9 juin 1857 le prorogea de nouveau jusqu'au 31 décembre 1897 et doubla le capital par l'émission de 91 250 actions nouvelles, réservées aux anciens actionnaires au prix de 1 100 francs chacune ; 9 125 000 francs, représentant la prime de 100 francs par titre, furent portés en réserve. D'autre part, une somme de 100 millions de francs fut versée par la Banque au Trésor, qui lui remit en échange des rentes 3 pour 100 au prix d'environ 75 pour 100. Le décret du 8 avril 1865 autorisa la cession du privilège d'émission de la Banque de Savoie à la Banque de France, dont le monopole s'étendit désormais à toute la France continentale ; son comptoir d'Alger avait cédé la place à la Banque de l'Algérie fondée en 1851. Le privilège a été renouvelé en 1897, à la veille même de la date à laquelle il expirait : ni sous le gouvernement de Juillet, ni sous le second Empire, on n'avait cru sage d'attendre ainsi jusqu'à la dernière heure pour régler une question aussi importante. C'est trois ans d'avance sous le règne de Louis-Philippe, et dix ans d'avance sous celui de Napoléon III, que les mesures avaient été prises pour assurer la continuité du grand service d'intérêt public que la Banque remplit. Les assemblées souveraines ont une tendance fâcheuse à remettre indéfiniment la solution des questions les plus graves et à se condamner ainsi à des solutions hâtives, qui ne tiennent pas toujours un compte suffisant de tous les éléments qui doivent être pris en considération.

La loi du 17 novembre 1897 est la dernière qui ait réglé les conditions d'existence de la Banque de France. Après avoir prorogé le privilège jusqu'à la fin de l'année 1920, elle stipule le versement au Trésor par la Banque d'une redevance annuelle minimum de 2 millions de francs, calculée en raison du taux de l'escompte et de la circulation productive, étend la faculté d'escompte aux effets souscrits par les syndicats agricoles, déclare les fonctions de gouverneur et de sous-gouverneur incompatibles avec le mandat législatif, supprime pour l'Etat toute charge d'intérêt sur les avances à lui consenties, impose à la Banque l'obligation de payer gratuitement tous coupons de rentes et valeurs du Trésor, d'ouvrir gratuitement ses guichets à l'émission de ces rentes et valeurs, augmente le nombre des succursales et bureaux auxiliaires, attribue à l'Etat les trois quarts des produits résultant de l'escompte au-dessus de 5 pour 100, et fait verser au Trésor le montant de tous les billets des anciennes séries non présentés au remboursement.

II

Sous l'empire du nouveau régime institué par cette convention-loi de 1897, la masse des opérations de la Banque s'est considérablement développée, mais ce développement a profité au public beaucoup plus qu'à l'établissement, puisque la moyenne a presque doublé pour les opérations improductives, tandis qu'elle ne s'est accrue que de moitié environ pour celles qui rapportent un léger bénéfice à la Banque de France. Lorsqu'elle émet des billets en représentation d'espèces qui lui sont remises, non seulement elle ne retire aucun profit de cette opération, mais elle supporte les frais qu'entraînent la fabrication et l'entretien de la circulation, la garde du numéraire. Elle ne gagne rien à opérer des transports d'espèces et des virements de fonds gratuits, tels que ceux du Trésor. Le chiffre annuel de ces opérations stériles ou mêmes onéreuses était de 92 milliards pendant la période de 1884 à 1896 ; il s'est élevé à 167 milliards de 1898 à 1910 ; celui des autres a passé dans le même intervalle de 13 à 20 milliards. Tandis que le produit brut augmentait de 40 pour 100, les frais de gestion, parmi lesquels les traitements du personnel jouent, le rôle essentiel, s'accroissaient de 64 pour 100. La part de l'Etat passait de 2 à plus de 8 millions, tandis que celle des actionnaires baissait de 16 à 14 millions. Le dividende reculait de 146 à 137 francs, et le cours des actions baissait en proportion. La cote actuelle d'environ 4 000 francs représente une chute de plus des deux cinquièmes par rapport à celle de 6 800 francs qui a été enregistrée il y a trente ans, en 1881. Néanmoins ; en dépit de cette stagnation du dividende, le nombre des actionnaires a augmenté, au cours des quinze dernières années, d'un septième environ : il a passé de 28 000 à plus de 32 000, c'est-à-dire que le titre n'a cessé d'entrer dans le portefeuille des petits capitalistes : sur ce terrain comme sur beaucoup d'autres, contrairement à certains lieux communs qui se répètent tous les jours, nous assistons en France à une division et non pas à une concentration de la fortune.

D'une façon générale, on peut dire que l'effort ininterrompu de la Banque de France tend vers la diffusion du crédit, qu'elle met à la portée des plus petits commerçants et industriels, alors que son rôle vis-à-vis des grands établissements financiers et des maisons particulières, dont l'ensemble constitue ce qu'on appelle parfois la haute banque, est beaucoup moins important qu'autrefois. Le développement remarquable des sociétés dites de crédit est un phénomène relativement récent chez nous : il a transformé les conditions du marché de l'escompte. Aujourd'hui, le portefeuille de traites des autres sociétés dépasse plusieurs fois celui de la Banque, alors qu'il y a une trentaine d'années la proportion était inverse. Ainsi, au 31 décembre 1881, le total des effets escomptés par le Crédit Lyonnais, le Comptoir d'Escompte, la Société Générale et le Crédit industriel était de 451 millions, tandis que la moyenne du portefeuille de la Banque de France, au cours de la même année, avait été de 1 167 millions de francs. En 1906, cette moyenne était tombée à 898 millions, tandis que les quatre sociétés susdites, en fin d'exercice, accusaient un portefeuille de 2 488 millions, presque triple de celui de la Banque, alors que vingt-cinq ans auparavant elles n'atteignaient qu'aux deux cinquièmes de ce chiffre. Le papier qui représente les grandes transactions industrielles, commerciales et financières, trouve presque constamment preneur à des conditions plus favorables que le taux officiel d'escompte de la Banque, si modéré qu'il soit ; celle-ci reçoit surtout les petits effets, peu recherchés par les banques particulières, à cause du travail considérable qu'en exigent la manipulation et l'encaissement. La moyenne des effets escomptés par elle en 1830 était de 2 246 francs, à une échéance moyenne de cinquante-sept jours ; en 1907, elle n'était plus que de 732 francs à vingt-six jours de date. Sur 7 millions et demi d'effets escomptés à Paris par la Banque en 1907, elle avait presque la moitié, plus de 3 millions et demi, d'effets d'une valeur inférieure à 101 francs. Cette proportion s'est encore élevée en 1910 ; les effets inférieurs à 101 francs représentent 55 pour 100 du total, au lieu de 33 pour 100 en 1897 : ils sont admis jusqu'à un montant minimum de 5 francs. La Banque laisse en réalité aux autres sociétés le bénéfice des opérations qui portent sur la majeure partie de la matière escomptable, sur celle qui est le plus facilement négociable et qui présente les moindres risques : elle trouve d'ailleurs une garantie nécessaire dans les trois signatures, dont l'une peut être remplacée par des titres ou des warrants de marchandises.

La Banque s'est mise à la portée du public dans un nombre de localités qui dépasse de beaucoup ce à quoi elle s'était engagée vis-à-vis de l'État : elle a aujourd'hui plus de 500 succursales, bureaux auxiliaires et villes rattachées ; dans toutes ses succursales et bureaux, l'escompte se fait quotidiennement ; l'encaissement s'opère aussi tous les jours, même dans les villes rattachées. Pour favoriser dans la plus large mesure les intérêts agricoles, elle a réservé une place d'administrateur à leurs représentants dans toutes les succursales. Elle a admis l'escompte du portefeuille des caisses régionales de crédit agricole. Elle a porté de cinq à dix jours le délai pendant lequel les disponibilités des comptes courants provenant de l'escompte et de l'encaissement peuvent être virées gratuitement sur une autre place.

La Banque est donc toujours prête à accueillir le papier de tous ceux qui ont besoin de convertir en numéraire des promesses de payer à échéance plus ou moins lointaine. Nous avons vu que ce rôle est également rempli par d'autres organismes, dont plusieurs ont un capital supérieur à celui de la Banque. Tout en se livrant d'ailleurs à de larges opérations d'escompte au moyen de leurs ressources propres, ces sociétés de crédit s'appuient, elles aussi, sur la Banque de France. Si en temps ordinaire elles ne lui remettent guère de papier, elles ne se font pas faute, dès que des circonstances graves se produisent, de recourir à son aide et de lui endosser une partie de leur portefeuille. Elle redevient alors la « banque des banques » comme on l'a appelée, et domine tout le système d'escompte du pays, qui trouve, dans son encaisse et dans sa circulation à laquelle cette encaisse sert de gage, l'outil indispensable à la marche des affaires. Non seulement la Banque remplit ce rôle de la façon la plus complète, mais elle le fait en fournissant le crédit à un taux notablement inférieur à celui de la plupart des places étrangères. Ainsi, de 1898 à 1910, son taux maximum n'a pas dépassé 4 et demi, tandis que celui de la Banque d'Angleterre s'est élevé jusqu'à 7, et celui de la Banque de l'empire d'Allemagne à 7 et demi ; le taux moyen a été de 3 à Paris, 3,62 à Londres, 4,47 à Berlin ; c'est-à-dire que les capitaux ont été de moitié plus chers de l'autre côté des Vosges que chez nous. Enfin le nombre de variations du taux, au cours de ces treize années, a été de 10 en France, 69 en Angleterre, 54 en Allemagne. On sait combien il importe au commerce d'abord d'avoir du capital à bon marché et ensuite de pouvoir compter, pour la période la plus longue possible, sur la stabilité des conditions auxquelles il peut se le procurer : or l'escompte est resté invariable chez nous de 1900 à 1907 ; depuis 1908, il est de nouveau fixé à 3 pour 100, pour le plus grand bénéfice de tous les clients de la Banque, c'est-à-dire d'une partie notable de la nation. Elle a en effet escompté en 1910 près de 24 millions d'effets, alors qu'en 1897 elle n'en avait escompté que 14 millions.

Si on recherche les éléments d'après lesquels on peut calculer ce que la Banque paie pour son monopole, on trouve qu'en 1910, par exemple, elle a versé à l'Etat plus de 8 millions de francs qui se décomposent ainsi :

du chef de la redevance proportionnelle à l'escompte	5 733 000 francs.
du chef du timbre des billets	1 498 000 francs.
les frais de fabrication des billets ont été de	846 000 francs.
Au total	8 077 000 francs.

Elle acquitte en outre environ 3 millions d'impôt. Les charges directes qui pèsent sur elle parce qu'elle est banque d'émission, celles qui sont véritablement le prix de son privilège, représentent près de trois quarts pour 100 du total de sa circulation productive, c'est-à-dire des billets qui ne sont pas purement et simplement la contrepartie directe du métal gardé dans ses caves. Or les sociétés de crédit particulières ne bonifient en ce moment qu'un demi pour 100 à leur clientèle pour ses dépôts à vue. La Banque de France pourrait, avec la plus grande facilité, s'assurer des milliards de dépôts qui ne lui coûteraient pas plus que sa circulation de billets. Comme elle aurait, le jour où elle ne serait plus banque d'émission, la même liberté d'action que les autres établissements de crédit, elle pourrait se livrer à une série d'opérations fructueuses qui lui sont interdites aujourd'hui et au moyen desquelles elle accroîtrait singulièrement le montant annuel de ses bénéfices. Un simple rapprochement de chiffres, à dix ans d'intervalle, nous permet de constater les progrès réalisés par la Banque au point de vue de la solidité de sa situation, tandis que son portefeuille commercial, c'est-à-dire la principale source de ses bénéfices, diminuait. De 1899 à 1909, la circulation s'est élevée de 3 924 à 5 140 millions ; l'encaisse or de 1879 à 3 507 millions, c'est-à-dire que le rapport de l'or à la circulation passait de 48 à 68 pour 100. Au contraire, le montant des effets escomptés est tombé de 1 049 à 846 millions, c'est-à-dire a baissé de 19 pour 100, alors que, durant la même période, celui des cinq principales sociétés de crédit de Paris s'accroissait de 136 pour 100.

Plus on étudie le détail des opérations de la Banque et plus on arrive à la conviction qu'elle est la plus démocratique de nos grandes institutions financières et qu'elle n'existe plus, pour ainsi dire, que dans l'intérêt du public et dans celui de l'État.

Les sociétés puissantes qui à côté d'elle se livrent aux opérations d'escompte et d'avances et qui, dans leur ensemble, les effectuent pour des sommes supérieures à celles que la Banque de France consacre au même objet, sont préoccupées avant tout de l'intérêt de leurs actionnaires et recherchent d'autres sources de bénéfices à côté de ceux que leur procure l'escompte. Elles s'adonnent aux affaires financières, telles que le placement de titres, la souscription des emprunts, la création d'entreprises industrielles qui absorbent une partie de leur activité. D'autre part, elles ne remplissent pas la fonction monétaire qui joue un si grand rôle dans les opérations de la Banque de France, et dont il convient maintenant de nous occuper.

III

La fonction monétaire de la Banque de France est une des plus intéressantes à mettre en lumière. Elle est d'une importance capitale pour notre pays, et emprunte un intérêt plus grand encore à la nature de notre étalon boiteux, dont il convient tout d'abord de rappeler l'origine et l'état actuel.

On sait que la loi fondamentale en cette matière est celle de germinal an XI qui a créé notre unité métallique, le franc, constitué par 5 grammes d'argent à neuf dixièmes de fin. La même loi a prévu la frappe de pièces d'or, dans la proportion de 1 à 15 et demi, c'est-à-dire que le franc d'or pèse 5/15, 5 soit 0gr, 322 de métal, à neuf dixièmes de fin également. Pendant près de trois quarts de siècle, jusqu'après la guerre de 1870, le rapport entre le métal blanc et le métal jaune n'a pas varié sensiblement : à de certaines époques, notamment lors de la découverte des mines d'or de Californie, puis de celles d'Australie, l'or a perdu une légère fraction de sa valeur par rapport à l'argent ; mais ces variations, très profitables aux arbitragistes et aux changeurs qui les exploitaient et en faisaient le point de départ de mouvements d'exportation ou d'importation de monnaies et de lingots, dans divers pays, n'atteignirent jamais une amplitude suffisante pour ébranler la confiance du public dans le maintien du double étalon. Ce nom désignait le régime en vertu duquel les monnaies d'or et d'argent circulaient parallèlement et indistinctement, avec pleine force libératoire, et pouvaient être frappées en quantités illimitées, pour compte des particuliers comme pour celui de l'Etat, dans les hôtels des monnaies nationaux. C'est ainsi que les choses se passaient en France, en Suisse, en Belgique, en Italie, en Grèce, pays qui avaient pour unité le franc et qui émettaient des monnaies identiques, comme poids et teneur, aux monnaies françaises.

Mais, après 1870, des changements considérables se produisirent dans l'ordre monétaire aussi bien que dans l'ordre politique. En dépit de la grande augmentation de la production du métal jaune, ou peut-être à cause de cette augmentation, nombre d'économistes et de financiers inclinaient de plus en plus à l'adoption de l'or comme étalon unique. Il leur paraissait que ce régime, qui était depuis longtemps appliqué en Angleterre, avait sur celui du double étalon la supériorité de la logique et de la simplicité. Il est en effet difficile de concevoir que la législation assigne un rapport invariable à deux substances qui s'échangent sur le marché libre et qui sont par conséquent susceptibles de varier de prix. Qu'un poids déterminé de l'une d'elles soit pris comme unité monétaire, et que, dès lors, il constitue le point fixe duquel les autres valeurs s'éloigneront ou se rapprocheront, selon que les marchandises hausseront ou baisseront, rien de plus aisé à admettre. Mais vouloir maintenir à tout jamais l'équivalence de 15 grammes et demi d'argent et de un gramme d'or était une conception arbitraire, que l'histoire ne justifiait pas plus que le raisonnement : car, au cours des siècles, les fluctuations de la valeur relative des deux métaux précieux avaient été incessantes.

Le signal de la rupture de l'équilibre plus ou moins stable qui avait été maintenu durant les trois premiers quarts du XIXe siècle, fut donné par l'Allemagne. Lorsque le nouvel Empire fonda son système monétaire, il lui donna comme base le métal jaune, dont seule la frappe fut autorisée. D'autres pays entrèrent, dans la même voie, et la valeur du métal blanc commença à baisser avec une rapidité telle que l'impossibilité de maintenir le double étalon apparut à tous les yeux. Le gouvernement français suspendit la libre frappe des monnaies d'argent pour les particuliers, et bientôt se l'interdit à lui-même, en sorte que, depuis plus de trente ans, l'or seul peut être monnayé chez nous. Nous ne parlons que pour mémoire des pièces divisionnaires de deux francs, un franc et cinquante centimes, dont le contingent a été augmenté à diverses reprises, mais qui, ayant un pouvoir libératoire limité à 50 francs, ne constituent pas un élément essentiel de la circulation. Seules, les pièces de 5 francs en argent ont le même pouvoir que l'or : dans l'encaisse de la Banque de France, elles représentent en ce moment environ 800 millions, c'est-à-dire le cinquième à peu près des ressources métalliques totales de l'établissement : on estime à un chiffre à peu près égal les écus qui sont chez nous aux mains du public. Ces 1 600 millions d'argent, jetés au creuset et vendus sous forme de lingots, ne vaudraient pas même la moitié de leur prix nominal : ils ne conservent leur force libératoire que parce que la loi la leur a maintenue et que leur quantité est limitée. La Banque de France, en fournissant en échange d'une moitié de ce stock des billets qui circulent à l'égal de ceux qui sont gagés par les monnaies d'or, et en unifiant ainsi la circulation fiduciaire, contribue à aplanir les difficultés qui pourraient être à craindre par suite de la présence d'une aussi forte quantité de métal déprécié dans notre circulation métallique.

Cette complication n'est pas la seule. Notre stock monétaire ne comprend pas uniquement des écus français ; il se compose aussi d'écus étrangers, suisses, belges, italiens, grecs, c'est-à-dire des puissances de l'Union latine, qui, en vertu des traités, sont admis dans chacun des États contractants. Cette circulation est particulièrement développée en France, parce que, grâce à notre stock d'or, à notre richesse, à la position presque toujours favorable de nos changes, nous avons plus de facilité que d'autres à maintenir la parité des pièces d'argent avec les monnaies d'or : nous rendons ainsi un service considérable à nos associés, qui seraient obligés de rapatrier leurs écus le jour où ceux-ci cesseraient d'avoir force libératoire à l'intérieur de nos frontières. La Banque de France, tout en agissant dans l'espèce pour le compte du gouvernement, puisque c'est à ce dernier qu'appartient la police monétaire, aide puissamment à son action en recevant indistinctement toutes les monnaies qui ont cours légal. Par convention du 31 octobre 1896, elle s'est engagée, en cas de dénonciation de l'Union latine, à n'exiger du Trésor, pendant cinq ans, le remboursement des pièces étrangères qu'elle aurait en caisse, qu'au fur et à mesure que le montant en serait remboursé à la France, conformément à la clause dite de liquidation.

La Banque ne facilite pas seulement les échanges en créant et en entretenant une circulation de plus de 5 milliards de billets, qui remplacent avantageusement les espèces métalliques, plus encombrantes, plus dispendieuses à déplacer, et dont la vérification, lors de chaque paiement, entraîne des délais et des frais notables, mais elle fournit au public un autre moyen, bien plus, rapide encore, plus simple et moins coûteux, de régler ses transactions. Nous voulons parler des virements et des transferts qu'elle met tous ses clients à même d'effectuer entre eux. C'est ainsi qu'au cours de l'année 1910, il lui a été versé au crédit des comptes courants et des comptes de dépôts de fonds 135 milliards de francs et qu'une somme à peu près égale a été prélevée au débit des mêmes comptes. Le solde restant d'une façon permanente entre les mains de la Banque a varié entre un demi et un milliard à peu près. Ce mouvement de 270 milliards s'est réparti sur plus de 100 000 comptes ouverts à Paris, dans les succursales et dans les bureaux auxiliaires.

On s'est souvent demandé pourquoi les chambres de compensation, qui ont pris, sur certaines places étrangères, un développement si remarquable, ont relativement moins d'importance chez nous. La réponse à cette question se trouve dans les comptes rendus de la Banque de France, qui nous montrent quelle quantité d'opérations se règlent à ses guichets et sur ses livres. Les 500 sièges répartis sur toute la surface de la France mettent, à la portée des habitants des plus petites localités, les facilités que donnent ces paiements effectués par simples écritures. A Paris, tous ceux qui de près ou de loin touchent au mouvement des affaires savent qu'un bureau spécial de la Banque est affecté à ce service et que l'émission journalière des mandats qu'on appelle rouges, à cause de la couleur du papier sur lequel ils sont établis, représente le règlement d'opérations nombreuses, effectué avec une simplicité et une rapidité qu'aucun mouvement d'espèces ni de billets ne saurait égaler. Tous les établissements, toutes les maisons de commerce, tous les particuliers qui ont un compte ouvert à la Banque, sont, de ce chef, dispensés de l'obligation de conserver dans leurs caisses une somme importante d'espèces : une ligne d'écriture et leur signature apposée au bas d'un mandat leur permettent de régler instantanément les paiements de n'importe quel montant. Il y a là quelque chose de supérieur au billet de banque, quelque chose qui frappe moins directement les esprits, mais qui, pour l'observateur attentif et réfléchi, représente un progrès énorme sur tous les autres modes de paiement. A mesure que la Banque de France multiplie ses sièges et couvre le pays d'un réseau de succursales et de bureaux de plus en plus serré, elle atteint des couches de plus en plus profondes de la population et augmente le nombre de ceux qui, grâce à elle, sur tout le territoire, peuvent encaisser leurs créances et acquitter leurs dettes sans bourse délier. C'est un des domaines sur lesquels il y a place pour des progrès encore considérables : il s'en réalise tous les jours, grâce à l'organisation de la Banque et à la connaissance qui se répand peu à peu dans le pays des services qui peuvent lui être demandés. Le public français est plus réfractaire que celui des nations anglo-saxonnes à l'usage des instruments de banque, des chèques et des virements ; nous en avons donné une des raisons au début de notre article : pour qu'il modifie son attitude, et qu'il se départe de la méfiance dont il est animé à l'égard des méthodes modernes, il faut qu'il se trouve en face d'un établissement dont le crédit soit en quelque sorte sans bornes, au-dessus de toute discussion.

Voilà donc deux branches essentielles de l'activité de la Banque : régularisation de la circulation métallique par le billet et règlement d'une quantité croissante d'échanges au moyen d'écritures passées sur ses livres. Il en est une troisième, qui ne le cède pas en importance aux deux autres : elle consiste dans la surveillance des changes étrangers et le mouvement des espèces métalliques qui en est la conséquence. Notre commerce international, dont le volume ne cesse de croître, atteint aujourd'hui un chiffre de 12 milliards de francs ; et encore ce total ne comprend-il pas les transactions en valeurs mobilières, fonds d'Etat, actions et obligations, qui ont pris dans le monde moderne une ampleur extraordinaire et qui vont sans cesse grandissant, chez nous plus que partout ailleurs. Ce courant continu d'échanges exerce naturellement une influence sur les conditions monétaires du pays ; un excès d'importations le rendra débiteur de l'étranger ; si au contraire les exportations sont en quantité supérieure, le numéraire sera attiré en France. La Banque étant le plus grand réservoir d'or, c'est-à-dire du seul métal qui puisse servir à régler nos comptes avec le dehors, ressentira le contre-coup de ces fluctuations du commerce extérieur. La tâche lui a été rendue relativement aisée depuis une quinzaine d'années : le développement de nos exportations, les rentrées régulières des coupons de notre portefeuille étranger, les dépenses faites en France par les voyageurs qui y séjournent volontiers, sont autant de causes qui provoquent l'arrivée de l'or dans notre pays et qui ont aidé la Banque à accroître son encaisse d'une façon régulière. Forte de ces milliards réunis dans ses caves, la Banque a pu suivre une politique judicieuse, parfaitement conforme aux intérêts généraux du pays et qui avait en même temps l'avantage de faciliter les opérations d'arbitrage commandées par les écarts des taux du loyer des capitaux sur les diverses places financières. Au lieu de chercher comme autrefois à se prévaloir de notre législation bimétalliste pour rembourser ses billets en écus de 5 francs, elle a donné, en diverses circonstances, le métal jaune qui lui était demandé. A plusieurs reprises, elle a escompté du papier étranger, notamment des traites sur l'Angleterre, et fourni de l'or au marché de Londres, lorsqu'il en avait besoin, soit pour s'en servir lui-même, soit pour l'expédier à New-York. Elle a ainsi exercé une action mondiale et étendu son influence bien au-delà des bornes du territoire français. Qui ne voit quels avantages résultent pour notre pays d'une puissance pareille, qui, au moment d'une crise, peut prêter un appui décisif aux autres places financières, devenues tributaires des nôtres.

Des observateurs superficiels ont quelquefois critiqué cette accumulation de métal dans les caves de la rue de la Vrillière, et prétendu que c'était là un capital improductif, retiré sans profit de la circulation. Ils oublient que ces pièces d'or et ces lingots sont directement représentés par des billets qui circulent incessamment ; ils oublient que ces richesses métalliques concentrées sous une direction unique permettent, au moment voulu, l'intervention énergique et décisive de l'établissement qui les possède, sur le marché des capitaux. Il y a là comme un corps d'armée tenu en réserve en arrière du champ de bataille, qu'un général en chef lance dans la mêlée, au moment opportun, et dont l'entrée en ligne assure la victoire. Or le triomphe, en matière de banque, consiste à arrêter la panique lorsqu'elle menace de se produire, et c'est ce que la Banque de France a fait à plus d'une reprise. Elle y a réussi grâce à son crédit, grâce à ses trésors métalliques, à la conservation desquels elle doit veiller d'autant plus soigneusement qu'ils constituent un des éléments essentiels de sa force et qu'elle n'a pu pratiquer largement le système d'intervention que nous venons de rappeler que depuis que la masse d'or déposée entre ses mains a atteint la quantité que l'on sait.

Il faut du reste bien se rendre compte que le secours donné en certaines circonstances aux pays étrangers est presque aussi utile à la France qu'à ceux qui en bénéficient directement. La solidarité des marchés financiers est un phénomène désormais bien établi ; elle ne fait que devenir de plus en plus étroite à mesure que les moyens de communication et de transport des capitaux se perfectionnent. Grâce à l'unification des systèmes monétaires des grandes nations, qui toutes ont aujourd'hui, en droit ou en fait, l'étalon d'or, les capitaux flottants, en quête de placements temporaires, se transportent là où ils trouvent la rémunération la plus élevée, et vont s'employer en escompte ou en avances, dans la ville qui les attire par ses taux. Il n'est pas bon d'opposer des obstacles artificiels, nés par exemple des difficultés qu'une banque centrale ferait pour se dessaisir de son or, à l'évolution du phénomène qu'on peut comparer à celui des vases communicants, et qui tend dans une certaine mesure à niveler dans le monde l'étiage du loyer de l'argent. La Banque de France a été une des premières à le comprendre et à gouverner les mouvements de son encaisse avec une largeur de vues et une conception de son rôle qui n'ont fait qu'accroître l'autorité qui lui est universellement reconnue.

« La Banque de France, » comme le disait si justement M. Fernand Faure, le 7 mai 1910, aux conseillers du commerce extérieur de Bordeaux, « a réussi à conjurer en 1887 et en 1889 des crises dont les causes étaient françaises. Elle en a conjuré en 1891, 1907 et 1908, dont les causes résidaient à l'étranger. Et on a pu dire sans exagération que, sans altérer aucunement son caractère de banque éminemment française, elle a su devenir une sorte de grande banque internationale. »

IV

Les rapports de la Banque de France avec les finances publiques sont le côté de son activité le plus intéressant à étudier pour l'homme politique. Il convient d'entrer à cet égard dans des détails circonstanciés, et de préciser la situation respective de l'institut d'émission et du Trésor. Autant il est naturel que celui-ci obtienne toutes sortes d'avantages en échange de la concession accordée par le gouvernement, autant il est essentiel que les avantages ne consistent pas en une mise à la disposition du budget des ressources de la Banque.

Qu'elle rende au ministère des Finances de nombreux services matériels, qu'elle opère une partie ou la totalité de ses mouvements de fonds, qu'elle soit chargée du paiement des coupons de la rente et même, comme en Angleterre, de toute l'administration de la Dette publique, qu'elle soit l'instrument par l'intermédiaire duquel s'exécutent les conventions monétaires, telles que celles de l'Union latine, qu'elle surveille, pour compte du gouvernement la circulation métallique, trébuche les pièces et fasse rentrer à la Monnaie celles qui n'ont plus le poids droit, nous n'y faisons aucune objection. Mais il faut se garder de confondre des services de ce genre avec ceux que réclame le gouvernement, lorsqu'il demande des avances, et d'oublier que la principale différence entre les banques d'émission saines et celles qui sont sur une pente dangereuse, est dans l'état de leur compte avec le ministère des Finances. Lorsque celui-ci devient leur débiteur, toutes les inquiétudes sont permises ; elles sont d'autant plus justifiées que ce débit grossit davantage.

Il n'est pas sans intérêt de rappeler quels ont été, depuis l'origine, les rapports entre la Banque et le Trésor français. L'arrêté constitutif du 28 nivôse an VIII stipulait que tous les fonds reçus par la Caisse d'amortissement seraient versés à la Banque, qui était aussi chargée d'encaisser les obligations des receveurs généraux des départements. Mais bientôt les rôles sont renversés : au lieu d'encaisser, elle est appelée à débourser ; le 7 juillet 1803, elle consent au Trésor une avance de 10 millions de francs, en demandant qu' « un terme prochain soit assigné à la réalisation des valeurs qu'elle aura escomptées. » Un mois plus tard, elle escompte un nouveau montant d'obligations du Trésor, malgré la protestation de M. Delessert, qui s'oppose à cet emploi des ressources de l'établissement. Il y a plus d'un siècle, cet administrateur éclairé déclarait déjà qu'il est autant de l'intérêt du gouvernement que de celui des actionnaires et du public que l'indépendance de la Banque soit respectée. Le 20 octobre 1803, la Banque avait prêté au Trésor les treize quinzièmes de son capital. Le 24 décembre 1805, elle avait porté à 80 millions ses avances, tandis qu'elle ne détenait que 17 millions d'effets de commerce ; elle ne fonctionnait donc plus pour ainsi dire que comme prêteur de l'Etat : une crise était inévitable ; elle éclata et eut pour conséquence la réorganisation de l'établissement, par la loi du 22 avril 1806. L'Empereur avait compris le danger, et, sous son règne, la Banque ne fut plus jamais mise dans la situation périlleuse où elle s'était trouvée au lendemain d'Austerlitz.

Sous la Restauration et le gouvernement de Juillet, la Banque fut chargée d'un certain nombre de services publics, notamment de ceux des rentes et des pensions ; mais, grâce à la paix profonde qui régna de 1816 à 1848, elle fut rarement appelée à fournir au Trésor les avances que la deuxième République allait au contraire lui demander dès ses débuts. La situation de l'établissement s'était d'ailleurs singulièrement fortifiée au cours du demi-siècle qui s'était écoulé depuis sa fondation. Le gouvernement provisoire de 1848 ne l'ignorait pas lorsqu'il s'adressa à lui pour obtenir des ressources, d'autant plus nécessaires que les impôts rentraient mal, que la situation commerciale et financière était mauvaise, que la récolte avait été déplorable et que l'inquiétude régnait partout. Un traité du 31 mars 1848 stipulait une avance de 50 millions, qui ne devait porter intérêt que si elle n'était pas remboursée au bout d'une année. Un décret du 5 juillet 1848 autorisa un autre emprunt de 150 millions au taux de 4 pour 100 l'an, payable par la Banque, moitié au cours de l'année 1848, moitié au cours de l'année 1849 Les premiers 75 millions devaient être gagés par des rentes sur l'Etat provenant de la Caisse d'amortissement ; les seconds, par la vente consentie à la Banque de 84 729 hectares de forêts domaniales. Le gouvernement n'utilisa ce prêt que jusqu'à concurrence de 75 millions, dont l'échéance fut reculée jusqu'en 1867. En dehors de ces prêts directs au Trésor, la Banque avait, le 6 mai 1848, avancé 30 millions de francs à la Caisse des dépôts et consignations, qui les avait entièrement remboursés le 7 novembre 1850. La ville de Paris, le département de la Seine, la ville de Marseille avaient eu également recours à la Banque, mais s'étaient rapidement libérés vis-à-vis d'elle. Celle-ci, afin d'éviter une dispersion de ses ressources et de conserver les moyens de venir le plus possible en aide à l'Etat et aux établissements publics, avait suspendu ses avances sur titres aux particuliers jusqu'au 13 septembre 1849.

Le traité de 1852, intervenu entre la Banque et l'Etat, consacra le principe que le Trésor ne paie d'intérêt sur les avances que pour la partie dépassant le solde créditeur de son compte courant à la Banque. Celle-ci avait alors à peu près entièrement cessé d'escompter des bons du Trésor : mais, en 1854, elle en escompta pour 60 millions, et en 1855 pour 40. Lors du renouvellement de son privilège en 1857, elle s'engagea à maintenir jusqu'à l'expiration de sa concession une avance de 60 millions, sous forme d'escompte trimestriel de bons du Trésor, au taux de l'escompte commercial, avec un maximum de 3 pour 100. En même temps, les 100 millions provenant du doublement du capital furent employés à l'achat de rentes 3 pour

100 sur l'État, qui sont encore aujourd'hui dans le portefeuille de l'établissement.

C'est en 1870 que l'histoire des relations entre la Banque et le Trésor devient la plus intéressante. Dès le 12 août, le cours forcé était établi législativement et le maximum de la circulation fixé à 1 800 millions ; le 14 août, ce chiffre était porté à 2 400 ; le 29 décembre 1871, il fut élevé à 2 800, et, le 15 juillet 1872, à 3 200 millions. Le 18 juillet 1870, la Banque s'était engagée à escompter pour 50 millions de bons du Trésor ; le 18 août, ce chiffre fut doublé ; le 19 août, elle prêta 40 millions, contre garantie de titres, à la Caisse des dépôts et consignations, afin de la mettre en mesure de fournir aux caisses d'épargne les fonds réclamés par les déposants. Le 23 septembre, un crédit de 75 millions fut ouvert à Paris au gouvernement de la Défense nationale : les intérêts devaient se compenser ultérieurement avec ceux du compte créditeur qui avait été transféré en province avant l'investissement de la capitale. Le 5 décembre, un nouveau crédit de 200 millions fut ouvert contre bons du Trésor et moyennant intérêt ; le 22 janvier, en vertu d'un traité ratifié par décret du lendemain, 400 millions furent avancés contre nantissement des forêts de l'ancienne liste civile ; on revenait au précédent de 1848. Les intérêts étaient ramenés à 3 pour 100, tout ce qui avait été payé en plus de ce taux lors des escomptes précédents de bons devait être affecté à l'amortissement du capital de la dette. L'Etat conservait l'administration des immeubles qu'il donnait en gage, mais promettait de verser le produit net annuel, accepté *bona fide*, à la Banque, qui l'imputerait sur le capital de la dette.

En province, le sous-gouverneur Cuvier, qui avait quitté Paris avec l'autorisation d'ouvrir un crédit de 150 millions à la délégation du Gouvernement établie d'abord à Tours, puis à Bordeaux, ajouta 100 millions à ce chiffre dès le mois d'octobre. Quand on lui demanda davantage, il ne crut pas pouvoir aller plus loin et donna sa démission. Un décret de la délégation ordonna à la Banque de faire une nouvelle avance de 100 millions. Par traité signé le 4 janvier 1871 entre le sous-gouverneur O'Quien, assisté de trois régents, et M. de Roussy, délégué aux finances, la Banque s'engagea à faire à la délégation de la Défense nationale, jusqu'au jour de sa réunion avec ses collègues parisiens, les avances nécessaires aux besoins de la guerre. Les avances devaient être réalisées par sommes de 100 millions, en vertu de décrets rendus au fur et à mesure des besoins, contre bons du Trésor non négociables, portant intérêt à partir du jour de leur émission. Le 15 avril 1871, la Banque avança encore 75 millions, puis 150 le 17 mai et 50 le 17 juin. Un traité, signé le 3 juillet 1871 à Versailles entre M. Pouyer-Quertier ministre des Finances et M. Rouland gouverneur de la Banque, arrêta le montant des avances et des crédits consentis à 1 530 millions.

Le gouvernement de M. Thiers comprit qu'il fallait rembourser au plus vite cette dette, qui était l'obstacle à la reprise des paiements en espèces. Par traité du 2 janvier 1872, il s'engagea à payer 200 millions par an. A la veille du versement de la dernière annuité, M. Léon Say, ministre des Finances, obtint, par le traité du 29 mars 1878, une avance de 80 millions, dont le Trésor resta alors débiteur envers la Banque, en plus des 60 millions prêtés en 1857. Au cours des années qui suivirent la guerre, la Banque escompta des quantités considérables de bons du Trésor ; au mois de novembre 1871, elle en avait en portefeuille pour 1 193 millions ; dans la seule année 1872, elle en escompta pour près de 5 milliards.

En 1896, le Trésor s'était fait consentir une nouvelle avance de 40 millions. La loi de renouvellement du privilège de 1897 décida que désormais les trois avances d'ensemble 180 millions ne porteraient plus intérêt et ne seraient remboursables qu'à l'expiration du privilège. C'est un concours permanent que la Banque apporte ainsi au budget. Le Trésor, de son côté, est tenu de lui verser ses encaisses disponibles. Les trésoriers généraux remettent aux succursales de la Banque les fonds touchés par eux ou y prélèvent les sommes dont ils ont besoin. Ces versements et retraits peuvent être effectués par les comptables du Trésor même dans les bureaux auxiliaires de la Banque. Celle-ci encaisse gratuitement les traites fournies sur les comptables du Trésor ou souscrites par les redevables de certains revenus publics, tels que sucres et douanes. Elle se charge aussi du transport des monnaies divisionnaires sur les points du territoire où elles sont réclamées par les agents payeurs. En 1901, le total des opérations effectuées par la Banque pour compte du Trésor a été de 11 623 millions.

La Banque paie à l'Etat un droit de timbre sur ses billets, qui est de 50 centimes pour mille francs de circulation productive, et de 20 centimes sur la circulation improductive. La première se compose des billets émis pour les opérations d'escompte et d'avances ; la seconde de ceux qui représentent l'encaisse. En outre, la Banque verse au Trésor, par semestre, une redevance égale au produit de la moyenne de la circulation productive multipliée par le huitième du taux de l'escompte.

Le versement annuel dû de ce chef ne saurait être inférieur à 2 millions de francs. Pour l'exercice 1910, il a été de 5 733 368 francs, ce qui porte à plus de 66 millions le total des sommes versées de ce chef au Trésor en vertu de la loi du 17 décembre 1897. Elles sont affectées au crédit agricole concurremment avec l'avance de 40 millions réglée par la même loi. Le total des charges pécuniaires de la Banque envers l'Etat, non compris les services rendus gratuitement au Trésor et les frais relatifs à l'entretien de la circulation des billets, à la conservation et au transport du numéraire, s'est élevé en 1910 à 9 298 670 francs, soit 63 pour 100 du produit commercial compris dans la répartition faite aux actionnaires. Outre les avances permanentes, la Banque a mis en 1910 à la disposition du Trésor, à titre exceptionnel sans intérêt, en vertu d'une convention approuvée par la loi du 18 mars 1910, des avances temporaires remboursables, à termes fixes et échelonnés, dans un délai maximum de cinq ans : elles sont destinées à permettre à l'Etat de venir en aide, sous forme de prêt au petit commerce et à la petite industrie, aux victimes des inondations de l'année dernière.

D'une façon générale, les services qui en temps normal peuvent être rendus sans inconvénient par la Banque à l'Etat sont ceux qui n'impliquent pas de détournement de son crédit au profit du Trésor. Ce détournement peut et doit se produire, mais seulement à l'heure des épreuves décisives, lorsque le sort de la patrie est en jeu et que toutes les autres considérations s'effacent pour faire place à la seule loi de salut public. Alors, mais alors seulement, il est permis au gouvernement d'exiger, et obligatoire, pour la Banque, d'accorder les avances nécessaires. Toutefois, même à ce moment, il ne saurait être question d'ouvrir, sans conditions, un crédit illimité. Quelque grande que soit la puissance de l'établissement, elle a des bornes ; si elles venaient a été dépassées, l'Etat serait la première victime, puisque le papier qui aurait été émis pour lui fournir des ressources perdrait une partie de sa valeur et ne représenterait qu'une fraction de plus en plus faible de la somme pour laquelle le gouvernement l'aurait accepté et dont il se serait reconnu débiteur. Il n'est pas à notre connaissance qu'aucun membre du Parlement anglais, au cours de la guerre du Transvaal, ait proposé de couvrir la plus petite partie des énormes dépenses qu'elle a imposées au Royaume-Uni, par un emprunt à la Banque d'Angleterre. Au plus fort de la campagne contre le Japon, le Trésor impérial russe est resté créancier de la Banque d'Etat. C'est une vérité qui se répand de plus en plus, que l'abus des émissions ne fait que nuire aux pays qui les autorisent. En tout cas, s'il est parfois nécessaire d'avoir recours au papier-monnaie, ce ne doit être qu'à la dernière extrémité et en s'efforçant d'en contenir rémission dans les limites les plus étroites ; et n'oublions pas que les billets émis par une banques d'émission, en représentation d'une créance sur le Trésor public, ne sont pas autre chose que du papier-monnaie.

V

La Banque de France est, après la Banque d'Angleterre et la Banque de Suède, le doyen des grands instituts d'émission de l'Europe. La Banque néerlandaise a été fondée en 1814 ; la Banque austro-hongroise, qui d'ailleurs a subi, depuis son origine, des transformations profondes, date de 1816 ; la Banque de Portugal, de 1846 ; la Banque de Belgique, de 1850 ; la Banque d'Espagne, de 1856 ; la Banque de Russie de 1860 ; la Banque de l'Empire allemand, de 1875 ; la Banque d'Italie, de 1893. Mais ce n'est pas seulement à son ancienneté que la Banque de France doit la situation exceptionnelle dont elle jouit et la considération dont elle est entourée dans le monde entier ; ce n'est pas non plus uniquement à la perfection de ses services, dont nous avons montré le développement, et au fait que tous, petits commerçons et grands industriels, simples particuliers et sociétés de banque et de dépôts, trouvent chez elle les mêmes facilités. C'est avant tout à deux raisons majeures, qu'il est nécessaire de bien mettre en lumière pour expliquer la fortune de l'établissement et la puissance incontestée de son action. Ces deux raisons sont la liberté que lui ont laissée ses statuts au point de vue de l'émission, et l'organisation de sa direction, dans laquelle l'Etat n'intervient que par la nomination du gouverneur, des deux sous-gouverneurs, et la confirmation du choix des directeurs de succursales.

Pendant la plus grande partie de son existence, la Banque a vécu sous un régime qui lui permettait de créer des billets en quantités illimitées. Les statuts primitifs se bornaient à recommander aux régents de veiller toujours à ce que les ressources métalliques fussent telles que le remboursement à vue des engagements fût assuré. Les statuts fondamentaux du 16 janvier 1808 ne traitent même pas la question. Ils se bornent à dire (article 38) que toute délibération du Conseil général ayant pour objet la création ou rémission de billets doit être approuvée par les censeurs, et que leur refus unanime en suspendrait l'effet. Le législateur impérial, qui ne péchait cependant pas par défaut d'autorité, avait compris qu'en matière commerciale il n'y a pas lieu d'édicter des règles rigides, et que la meilleure garantie du public est la responsabilité des hommes qui sont à la tête d'une affaire. Ceux-ci, mêlés à la vie quotidienne de la nation, tenus sans cesse au courant des besoins du monde financier, avertis à chaque heure de ce qui se passe dans le monde sur les principaux marchés monétaires, sont constamment à même de fixer la mesure dans laquelle il convient d'étendre ou de restreindre la circulation : ils savent ce qu'il est légitime d'accorder aux demandes des négociants désireux de faire escompter leur papier et quelle proportion de numéraire doit être tenue à la disposition des porteurs de billets qui voudraient les échanger contre de l'or. La limitation à un montant déterminé du chiffre total de la circulation est une mesure parasitaire, qui n'a été introduite que par surprise dans la législation relative à la Banque, et dont les meilleurs esprits ont, à diverses reprises, réclamé l'abrogation. Autant il est naturel qu'à des époques exceptionnelles, lorsque le cours forcé est décrété, un maximum soit imposé à la création d'un papier qui cesse d'être remboursable en métal ; autant il est logique de supprimer cette borne, dès que l'obligation, pour l'émetteur, de reprendre à vue son billet, est rétablie. Nous comprenons et nous admettons les systèmes de banque dans lesquels une proportion est prescrite entre la circulation et certains éléments de l'actif, tels que l'encaisse et le portefeuille. Si une disposition de ce genre était introduite dans ses statuts, la Banque n'aurait pas de peine à s'y conformer, puisque d'une façon constante l'addition de son numéraire et de son portefeuille donne un chiffre à peu près égal à celui de ses billets : c'est ainsi qu'au 26 janvier 1911 la circulation s'élevait à 5 302 millions, tandis que l'encaisse de 4 073 et le portefeuille de 1 185 millions formaient un total de 5 258 millions de francs, inférieur seulement de 44 millions à la circulation. La proportion de l'encaisse, qui à la date précitée était, de 76 pour 100, n'est dépassée aujourd'hui qu'à la Banque d'Angleterre et à la Banque de Russie, dont les systèmes d'émission sont, d'ailleurs, beaucoup plus rigides que celui de la Banque de France.

C'est depuis que le cours forcé a été établi en 1870 que l'Etat a persisté à limiter législativement le chiffre de l'émission. Mais le cours forcé ayant disparu le 13 décembre 1877, il eût été logique de supprimer en même temps la limite, qui était alors de 3 200 millions. On n'a pas pris ce parti si simple, qui eût remis les choses dans l'ordre antérieur, sous prétexte que, tout en abolissant le cours forcé, on maintenait le cours légal, c'est-à-dire l'obligation pour les créanciers de recevoir en paiement les billets, quitte à eux à aller aussitôt se les faire rembourser en métal par la Banque. Mais qu'est-il arrivé ? Le mouvement des affaires, peu soucieux des lois votées au Palais-Bourbon et au Luxembourg, ne s'est pas arrêté ; l'or a continué d'affluer rue de la Vrillière, si bien que, à un moment donné, les guichets de la Banque refusaient au public non pas de l'or, mais du papier ; les déposants qui venaient retirer leur avoir étaient contraints, à leur grand ennui, de s'en aller portant des sacs d'écus ou de napoléons. La Banque était en effet arrivée à sa limite maximum d'émission, et forçait ses clients à recourir à des modes de paiement archaïques, lents, coûteux, entraînant des risques et une perte de temps incompatibles avec l'organisation moderne des échanges. Une véritable clameur s'éleva de toutes parts ; et le Parlement, sous la pression de l'opinion publique, fut contraint de voter, par la loi de finances du 30 janvier 1884, l'élévation du maximum de la circulation à 3 500 millions, puis à 4 milliards par la loi du 26 janvier 1893. Ce chiffre, qui lui paraissait ne devoir jamais être dépassé, menaçait de l'être peu d'années après. La loi de renouvellement du privilège de 1897 crut avoir assuré l'avenir en fixant 5 milliards comme maximum. Dès le 9 février 1906, une loi le porta à 5 800 millions, et il est probable qu'il ne s'écoulera pas un très grand nombre d'années avant que les 6 milliards soient atteints. Tout récemment, un bilan de la Banque indiquait une circulation qui n'était plus qu'à 200 millions environ de la borne soi-disant infranchissable, et toujours franchie. Il y a quelque chose de puéril dans cette succession de lois dont le caractère empirique éclate avec une évidence frappante. Si nos législateurs prenaient la peine de réfléchir à la signification des phénomènes que nous venons de rappeler et qui sont la conséquence inévitable de la situation de la France au point de vue du commerce extérieur et de son rôle sur le marché des métaux précieux, ils changeraient de système et renonceraient à intervenir sur un domaine où ils ne font qu'enregistrer les conséquences d'événements qui leur échappent ; mais quel Parlement aura le temps d'étudier une théorie de banque ? Quoi qu'il en soit, il est, bon gré mal gré, obligé d'obéir aux lois économiques, plus fortes que les hommes, qui gouvernent la monnaie et le crédit ; et, en dépit des limitations arbitraires, nous pouvons dire qu'en fait, sinon en droit, la Banque de France jouit d'une faculté d'émission illimitée.

Voilà un des éléments de sa force. Un autre réside dans ce fait qu'elle s'administre elle-même. Il est bien vrai que le Président de la République nomme quelques-uns de ses fonctionnaires. Mais là s'arrête le droit d'intervention de l'Etat. Quinze régents, trois censeurs sont élus par les actionnaires, et, si le gouverneur a un droit de *veto*, il n'a pas le pouvoir d'entraîner la Banque dans une voie où ses intérêts pourraient être compromis. Il ne saurait notamment, sans le concours des régents, disposer du crédit de l'établissement en faveur du Trésor, et c'est là le point capital. Tous les maux dont souffrent les banques d'émission, ou plutôt tous ceux qu'elles infligent dans certains pays à la communauté par la dépréciation de leur papier, ont une cause unique : l'abus que le gouvernement fait de leur signature pour se procurer des fonds. C'est là une vérité primordiale, qui domine toute la question des banques d'émission et qui ne doit jamais être perdue de vue lorsqu'il s'agit de décider du système à adopter pour leur organisation. L'histoire confirme, sans exception, ce que la théorie nous apprend à cet égard. Les gouvernements, ignorant la nature véritable du billet de banque ou feignant de l'ignorer, ont, dans un grand nombre de pays et pendant des périodes plus ou moins longues, eu la prétention d'équilibrer leur budget au moyen d'émissions de papier-monnaie, c'est-à-dire de papier devant, en vertu de la loi, être accepté par tous comme monnaie et non remboursable en espèces. Ils l'ont parfois émis directement ; mais, plus souvent encore, ils l'ont fait émettre par la banque chargée de régler la circulation, et qui, à partir du moment où le Trésor s'adressait à elle, cessait de travailler dans les conditions normales. En effet, ce n'était plus aux besoins légitimes du commerce que la quantité des signes fiduciaires se proportionnait, mais à ceux du ministère des Finances, qui, dans la plupart des cas, ne fournissait pas, en échange du crédit qui lui était ouvert, de garanties susceptibles d'être transformées en espèces et ne prenait pas non plus d'engagement quant à la date du remboursement. Dès lors, la circulation était viciée par l'adjonction, aux billets créés pour des causes légitimes, de billets ne reposant que sur une promesse de l'Etat ; et, comme il ne pouvait être question de distinguer les uns des autres, toute la masse le papier souffrait d'une dépréciation commune.

Il est bien rare qu'une banque demande le cours forcé pour ses billets en dehors des époques où le gouvernement réclame son assistance. Et, à ce moment-là, ce n'est pas elle qui sollicite la loi d'exception ; c'est l'Etat qui la décrète, comme compensation à la charge qu'il impose à l'établissement, dont il absorbe à son profit, dans une mesure plus ou moins large, les ressources et le crédit. En temps normal, les billets représentent des créances commerciales à courte échéance, recouvrables en espèces et venant alimenter par conséquent la caisse émettrice, de façon à la tenir toujours suffisamment garnie pour qu'elle soit à son tour en mesure de rembourser les porteurs de billets qui désirent des espèces. Quand le gage est constitué par des bons du Trésor à échéance plus ou moins lointaine, renouvelés indéfiniment, le public cesse d'avoir confiance, et le papier perd une fraction de sa valeur par rapport au métal. Cette perte croît en raison du chiffre de la circulation additionnelle provoquée par les exigences fiscales et du temps pendant lequel cet excès subsiste. Quand la Banque d'Espagne avait en portefeuille près d'un milliard de créances sur le Trésor de la péninsule, son billet perdait 30 ou 40 pour 100 de sa valeur par rapport à l'or : à mesure que cette dette de l'Etat a diminué, le cours du billet s'est amélioré ; il est aujourd'hui revenu presque au pair. A l'époque où la majeure partie de la circulation de la Banque de Russie n'avait d'autre couverture qu'une créance sur l'Etat, son billet perdait la moitié de son prix nominal vis-à-vis de l'or ; aujourd'hui que l'Etat ne doit plus rien à la Banque, son papier est au pair du métal.

D'après ce qui précède, on comprend combien la nature des rapports entre ces deux puissances, l'Etat et la Banque, est importante à connaître pour juger la qualité de la circulation d'un pays et les chances qu'elle a de se maintenir au pair ou bien d'être dépréciée. Si l'Etat domine la Banque, qu'elle soit une banque d'Etat pure, c'est-à-dire sans capital apporté par des actionnaires particuliers, ou une Société par actions gérée exclusivement par des fonctionnaires, on peut redouter à tout moment de voir son omnipotence se traduire par des mesures qui auront les conséquences que nous venons d'exposer. Si au contraire l'administration de la Banque émane de ceux qui en ont fourni le capital, et dont le souci principal est de maintenir son crédit, celui-ci sera à son maximum. C'est ce qui se produit à la Banque de France, où le Conseil de régence est là pour veiller à la solvabilité de l'établissement et à l'observation de l'article fondamental des statuts que nous avons rappelé plus haut et qui prescrit le maintien d'une encaisse toujours suffisante pour assurer le remboursement à vue des billets.

Il est du plus haut intérêt, au point de vue des éventualités politiques qui pourraient surgir, de maintenir à la Banque son caractère d'établissement privé et d'éviter à tout prix de la transformer en une institution d'Etat. Il n'est guère nécessaire de rappeler ici une fois de plus l'utilité qu'il y a à séparer nettement les affaires de la Banque de celles de l'Etat. On l'a souvent répété : c'est au caractère d'institution privée que la Banque a dû en 1870 de ne pas voir ses trésors pillés, par l'envahisseur Dans une lettre qu'il adressait le 7 septembre 1870 au directeur de la succursale de Reims, le prince royal de Prusse, Frédéric-Guillaume, déclarait reconnaître qu'aux termes de ses statuts la Banque de France est une institution privée, dont le but unique est de venir en aide au commerce et à l'industrie ; en conséquence, les fonds qui se trouvent dans ses caisses ne pouvaient être exposés à aucune saisie, ni aucun arrêt. Ces principes ont été consacrés par la

Cour suprême de la Haye. L'article 46 du règlement des lois et coutumes de la guerre, annexé à la Convention du 29 juillet 1899, déclare que « la propriété privée ne peut pas être confisquée. » D'après l'article 53, « l'armée qui occupe un territoire ne pourra saisir que le numéraire, les fonds et valeurs exigibles appartenant en propre à l'Etat, et en général toute propriété mobilière de l'Etat, de nature à servir aux opérations de la guerre. » Le rapprochement de ces deux textes est instructif, et montre à quels périls une Banque d'Etat serait exposée au cours des hostilités.

Certes, l'action des représentants de l'Etat, du gouvernement surtout, est de la plus haute importance. On conçoit qu'en concédant à une association de particuliers la faculté d'émettre des billets ayant cours légal, l'autorité publique se soit réservé le droit d'avoir un ou plusieurs délégués dans les conseils qui dirigent la marche des affaires et que ces délégués soient investis de certaines attributions et de certains pouvoirs essentiels, comme le droit de *veto* au cas où des mesures prises par les régents leur paraîtraient contraires aux statuts ou à l'intérêt général. Mais c'est à cela que doit se borner l'intervention de la puissance publique ; c'est là qu'elle s'arrête en France. Le gouverneur ne saurait, à lui seul, mettre à la disposition du ministre des Finances un centime des fonds de la Banque. Celle-ci discute en pleine liberté avec l'Etat les termes des arrangements à intervenir lorsqu'elle lui consent des avances, ce qui ne veut pas dire qu'aux époques graves, elle ne le fasse pas dans la plus large mesure et avec la pleine conscience du devoir patriotique qui lui incombe. Il suffit, pour apprécier la façon dont elle s'en acquitte, de relire l'histoire, résumée plus haut, de ce que furent, lors de la guerre franco-allemande de 1870-71, ses relations avec le gouvernement français, auquel elle prêta, en moins d'un an, plus de 1 500 millions. Mais celui qui étudiera le détail des négociations qui eurent alors lieu verra en même temps comment un sous-gouverneur, nommé par l'État, crut devoir résister à certaines demandes qu'il jugeait excessives, et donna sa démission plutôt que de céder.

Cette manière de voir était aussi celle du gouverneur Magnin qui, en prenant pour la première fois la présidence du Conseil général en 1881, disait à ses collègues : « Nous serons toujours d'accord sur les principes qui forment comme le fondement de cette maison. Si vous avez constamment voulu maintenir l'indépendance et la liberté d'action de la Banque, je puis me permettre de dire que je le veux autant que vous. Je l'ai dit plus d'une fois du haut de la tribune dans l'une et l'autre Chambres ; j'ai fait plus, j'ai prouvé par mes actes que mes paroles n'étaient pas de vaines déclarations. Ce n'est certes pas aujourd'hui qu'ayant l'honneur d'être appelé à diriger cette grande institution de crédit, j'abandonnerai mes doctrines sur ce point capital. J'y resterai donc fidèle, au grand profit des intérêts du pays, de ceux du Trésor et de ceux du crédit public, dont nous avons spécialement la charge. »

C'est cette indépendance qui est la sauvegarde de la Banque, en même temps qu'elle rend à l'Etat des services inappréciables : car c'est précisément parce que son crédit reste distinct de celui du Trésor qu'elle est capable de lui venir en aide dans une mesure non pas illimitée, mais bien supérieure à ce qu'elle pourrait utilement faire, si elle était une institution officielle. Il faut toujours en revenir au mot historique de M. Thiers résumant les événements de 1870 : « La Banque nous a sauvés, parce qu'elle n'était pas une Banque d'Etat. » C'est la même idée qu'exprimait le gouverneur dans son compte rendu des opérations de l'année 1910, lorsqu'il disait aux actionnaires le 26 janvier 1911 : « Tout en faisant de notre maison, sous le contrôle de l'Etat, l'hôtel de la monnaie fiduciaire, les statuts lui imposent un mode de gestion qui doit conserver un caractère nettement autonome pour demeurer vraiment commercial. Ces mêmes statuts nous constituent gardiens des principes inébranlables qui ont acquis et garantissent au billet de banque une solidité et un prestige incomparables, un crédit propre et indépendant, capable de seconder celui de l'Etat lui-même pour la sauvegarde du crédit public. »

De telles déclarations ont une valeur qu'on ne saurait méconnaître : elles montrent que la force de l'institution est telle qu'elle s'impose aux représentai du pouvoir, conscients de la puissance financière qu'elle tient en réserve. Cette puissance s'exerce pour un but d'utilité publique : le dévouement à l'intérêt général est la caractéristique de la politique suivie par la Banque. La préoccupation de grossir les dividendes des actionnaires n'existe pour ainsi dire pas. Il serait cependant naturel que ceux-ci vissent leur part dans les bénéfices croître en raison de l'extension des affaires, de la création de sièges nouveaux libéralement répartis sur tout le territoire ; mais la plus grande partie en est employée à fortifier les réserves, à améliorer la situation du personnel, et à multiplier les facilités données à la clientèle pour l'escompte, les transferts et les virements de fonds.

L'Etat et le public n'ont pas besoin d'être défendus contre la Banque, qui tient à honneur de ne se laisser guider que par les motifs les plus élevés, qui s'applique à maintenir un taux d'escompte extrêmement bas et stable et à donner ainsi à l'industrie et au commerce français des avantages inconnus dans les autres pays ; mais il faut défendre la Banque contre les agressions du Trésor, dont la situation empire depuis plusieurs années : au 26 janvier 1911, le ministère des Finances n'avait à son crédit à la Banque que 118 millions de francs, alors qu'il lui en devait 180, sans compter les 6 millions avancés à valoir sur le crédit ouvert à la suite des inondations de 1910.

Cette situation n'est pas accidentelle : elle s'aggrave lentement depuis un certain temps. Il ne faudrait pas croire qu'elle est due à l'époque de l'année, et au fait qu'à son début, le trésor aurait plus de dépenses à effectuer que de recettes à encaisser. Outre que celles-ci rentrent avec la plus grande régularité et ont présenté, au cours de l'exercice 1910, de très fortes plus-values sur les prévisions budgétaires, le Trésor dispose de ressources énormes qui lui sont fournies par la Dette flottante et qui dépassent, de beaucoup de centaines de millions, les sommes dont il pourrait avoir besoin pour effectuer ou même anticiper, ce qui n'est presque jamais le cas, les débours normaux d'un exercice. La vérité qu'il faut proclamer et qui est aussi peu connue de la plupart des membres du Parlement que du public, est que, depuis nombre d'années, des dépenses extrabudgétaires dévorent les ressources dont le

Trésor dispose en dehors des crédits annuels inscrits à la loi de finances. Il a retours à des expédients qui ont pour effet, non seulement d'absorber les excédents budgétaires, mais de vider les fonds de caisse, s'il est permis de s'exprimer de la sorte, qui sont à la disposition du pouvoir exécutif. C'est ainsi que le compte courant à la Banque de France, qu'une gestion saine devrait avoir le souci constant de maintenir bien au-dessus du montant que le Trésor lui doit du chef des avances permanentes et autres, diminue d'année en année. Nous en sommes arrivés à ce point qu'en pleine paix, avec des excédents inespérés, nous n'avons même plus de quoi assurer notre service quotidien de caisse, et que, pour ce faire, nous mettons à contribution notre institut d'émission. C'est là un point sur lequel il importe d'attirer de la façon la plus sérieuse l'attention du Parlement. La circulation de 5 300 millions est à une hauteur suffisante ; elle a augmenté, au cours de l'année dernière, d'environ 200 millions, tandis que l'encaisse, dans le même espace de temps, diminuait de près de 300 millions : l'écart entre le numéraire et le papier s'est donc accru d'un demi-milliard, et la proportion de la couverture métallique, qui était de 85 pour 100 au 24 décembre 1909, est réduite d'aujourd'hui déplus d'un dixième et se trouve ramenée aux environs de 76 pour 100.

Il est fâcheux que l'état du compte du Trésor contribue à ce changement.

Certes, la situation actuelle de la Banque de France est aussi solide que jamais. La politique qu'elle a suivie en 1910 et qui a consisté à faire une place dans son portefeuille aux effets étrangers, et à permettre l'exode d'une fraction de son encaisse, doit être hautement approuvée. Il était naturel que, dans une année de très mauvaise récolte, nos réserves métalliques fussent légèrement entamées ; et il faut constater avec une véritable reconnaissance pour notre grand établissement, que le taux de l'escompte a été maintenu sans changement, pendant toute l'année, à 3 pour 100, alors que la moyenne de la même période a été de 3,52 en Suisse, de 3,72 en Angleterre, de 4,12 en Belgique, de 4,19 en Autriche-Hongrie, de 4,24 en Hollande, de 4,35 en Allemagne et de 5,10 en Italie. Des moissons plus abondantes ramèneront l'encaisse de la Banque de France à son niveau antérieur et le lui feront vraisemblablement dépasser. Ce ne sont pas des variations provenant de causes agricoles ou commerciales qui nous inquiètent. Mais ce qui nous préoccupe, c'est de voir, subrepticement pour ainsi dire, disparaître la tradition en vertu de laquelle le compte du Trésor à la Banque devait toujours s'élever à au moins 300 ou 400 millions. Qu'on se reporte aux bilans d'il y a dix ou vingt ans : on verra que le solde ne s'écartait guère de ce chiffre. Il est modeste, si on le rapproche de celui des engagements du Trésor, bons en circulation, dépôts de toute nature reçus par lui, et qui dépassent le milliard.

Ce n'est pas révéler un secret que de parler de conventions intervenues entre la Banque et le gouvernement, en vue d'éventualités graves, et qui ont pour objet l'ouverture de crédits considérables destinés à être mis immédiatement à la disposition du Trésor. Dans la séance de la Chambre du 1er juillet 1807, M. Ribot, président de la commission qui avait examiné le projet de loi portant renouvellement du privilège, déclarait qu'en temps de guerre, toutes les ressources de la Banque doivent être appliquées à la défense nationale. M. Méline, président du Conseil des ministres, affirmait que le gouvernement s'était assuré, dès l'heure de la mobilisation, un concours efficace et suffisant. Mais il avait soin d'ajouter, en réponse à l'affirmation de M. Pelletan que les assignats avaient sauvé la France en 1793, qu'il écartait l'idée de substituer, au lendemain de l'ouverture des hostilités, l'Etat à la Banque de France. Nous avons repoussé cette combinaison, s'écriait-il, « parce que nous avons considéré qu'elle serait désastreuse pour la patrie. Vous en retenez toujours à votre conception du billet de banque, qui pour vous n'est pas autre chose qu'un assignat… Vous croyez que la création d'une banque d'Etat, la transformation des billets er assignats serait une solution. Nous croyons, nous, que ce serait un malheur. Nous pensons, au contraire, que l'intérêt de l'Etat en cas de guerre est d'avoir à côté de lui, dès le premier jour, un établissement indépendant qui double son propre crédit et qui le fortifie. La loi a été faite pour fortifier le crédit de la Banque de France, non pas, dans l'intérêt de la Banque de France, mais dans celui de la France elle-même. »

Nous ne cesserons de le répéter. La Banque, il y a quarante ans, a permis aux finances nationales de soutenir l'épreuve la plus sévère à laquelle elles aient jamais été soumises. Mais quand les hostilités ont éclaté, elle était en pleine possession de ses ressources. Il faut qu'il en soit de même aujourd'hui. On nous dira que 180 millions ne sont pas une grosse somme, dans un pays qui a un budget de 4 milliards et demi et une dette de 30 milliards. Nous répondrons que précisément l'énormité de ce budget et de cette dette nous font désirer voir ménager toutes les réserves qui devraient exister. Notre trésorerie devrait être au moins égale à ce qu'elle était quand notre budget ne dépassait pas 3 milliards. L'avance non remboursable avant la fin de la concession introduit dans le budget un déficit chronique : quand on songe que le gouvernement russe a des centaines de millions à son crédit chez sa banque d'Etat, que le gouvernement allemand n'a fait aucun emprunt permanent à sa Banque d'Empire, que le gouvernement austro-hongrois ne doit plus que 63 millions de couronnes à la Banque d'Autriche-Hongrie, après avoir retiré de la circulation tous les billets d'Etat, nous nous sentons quelque peu humiliés de la situation dans laquelle se trouve la Trésorerie de notre pays, qui ne passe cependant pas pour un des moins riches du monde. Une fois de plus, nous voyons éclater le contraste entre la gestion imprévoyante des fonctionnaires et la sagesse des particuliers. Il ne faudrait pas que la richesse de la Banque de France qui, ne l'oublions jamais, consiste avant tout en son crédit, fût mise entre des mains incapables de l'administrer au profit de la communauté. Le jour où elle serait traitée en servante du budget et où des législateurs téméraires prétendraient, hors de propos, multiplier le chiffre des billets gagés par une simple créance sur l'Etat, le merveilleux édifice élevé par un siècle d'efforts et de sagesse s'écroulerait, et ceux-là mêmes qui s'imaginent que la Banque ne se met pas encore assez complètement à la dévotion du Trésor, s'apercevraient de leur erreur et constateraient, trop tard peut-être, qu'abuser de son crédit, c'est affaiblir l'un des ressorts les plus puissants du crédit public.

www.ingramcontent.com/pod-product-compliance
Lightning Source LLC
LaVergne TN
LVHW091300080426
835510LV00007B/340